Christine Preißmann

AF219921

# Menschen im Autismus-Spektrum und die Corona-Pandemie

Erfahrungen, Besonderheiten und Hilfen

Christine Preißmann

# Menschen im Autismus-Spektrum und die Corona-Pandemie

Erfahrungen, Besonderheiten und Hilfen

*© 2020 Christine Preißmann*
*Herstellung und Verlag: BoD - Books on Demand, Norderstedt*

*ISBN: 9783752607833*

# Inhaltsverzeichnis

I

# Einleitung: Menschen im Autismus-Spektrum und die Corona-Pandemie

Seit einigen Monaten erleben wir eine Situation, die neu und ungewohnt ist und die für alle Menschen eine große Herausforderung darstellt.

Fast alle von uns durften in unserem bisherigen Leben – oder zumindest in den letzten dreißig Jahren davon – ganz selbstverständlich Freiheit genießen. Aus dem Haus gehen, wann und wie es uns gefällt, Menschen treffen, einkaufen, was wir uns leisten können, einen Kaffee trinken, Ausflüge machen, verreisen, Kultur erleben. Eigentlich selbstverständlich, aber fast alles davon war und ist nun, in diesem denkwürdigen Jahr 2020, reglementiert, weil es da plötzlich eine weltweite Bedrohung gibt, die unser aller Leben auf den Kopf stellt.

Viele Menschen mit Autismus und ihre Angehörigen erleben die Coronakrise tatsächlich als eine schwere Krisensituation, und während für zahlreiche andere problematische Lebenssituationen bereits hilfreiche Strategien beschrieben wurden, sind wir nun darauf angewiesen, regelrecht „Pionierarbeit" zu leisten und neue Hilfen zu überlegen. Dies ist eine spannende Herausforderung, die wir nicht ungenutzt lassen sollten. Es macht also Sinn, die Überlegungen von Menschen mit Autismus, die erlebten Schwierigkeiten und vor allem die gefundenen Strategien im Hinblick auf die Coronakrise zu erfragen und so gemeinsam Hilfen auch für künftige Ausnahmesituationen zu erarbeiten.

In einer Umfrage wurden deshalb Menschen im Autismus-Spektrum und Angehörige von mir zu ihren Gedanken, Erfahrungen und Vorschlägen befragt. Einige Ergebnisse sollen nachfolgend dargestellt werden. Sie beinhalten zahlreiche Anregungen und wertvolle Erinnerungen – an eine ganz besondere Zeit im Jahr 2020.

# Gleiche Ängste, Sorgen und Nöte wie alle

Menschen mit Autismus berichteten von denselben Ängsten und Sorgen, die auch andere Menschen beschäftigten.

Da war die Angst, zu erkranken und vor allem die Menschen anzustecken, die uns lieb und wichtig sind. Die Sorge, wie schlimm es in den Krankenhäusern wohl werden würde. Bei den Berufstätigen gab es eine besondere Anspannung, weil so vieles neu bedacht und geregelt werden musste, in nahezu jedem Betrieb. Und von Mitarbeitern im Gesundheitswesen wurde das täglich ungute Gefühl beschrieben, zur Arbeit zu fahren, sowie die Anspannung und Aufregung – würde alles klappen?

Selbstverständlich aber sorgten sich auch viele Betroffene um die Zukunft. Wie wird es nach der Krise wohl in unserem Land, in Europa, in der Welt weitergehen? Wie wird die Wirtschaft wieder auf die Beine kommen? Wird es eine Weltwirtschaftskrise geben (*„Ich erwarte, dass das persönliche Erkrankungsrisiko relativ gering ist, aber die Folgen der Wirtschaftskrise werden wir vermutlich alle spüren")*? Was wird aus all den Menschen, die keine Arbeit mehr haben? Wie wird die Welt „danach" aussehen? Und – wer soll das bloß alles bezahlen? Werden wir irgendwann schließlich vielleicht sogar vor dem Virus kapitulieren müssen, weil es sich mit den Maßnahmen, die uns möglich und zumutbar sind, nicht eindämmen lässt?

*Irgendwann werden uns unsere Kinder oder Kindeskinder vielleicht nach den Erfahrungen dieser Zeit fragen. Sie fragen schon längst nicht mehr nach dem Zweiten Weltkrieg, aber sie werden uns vermutlich nach Corona fragen, und wir müssen ihnen dann Rede und Antwort stehen: „Wie war das denn damals?", werden sie wissen wollen, „als unser Land, ja die ganze Welt, mehr oder weniger stillstand, als nichts mehr ging, als wir uns ständig die Hände waschen mussten, daheim eingesperrt waren und nicht mehr draußen spielen durften? Wie war es, als Ihr Eltern Eure Arbeit verloren hattet, als Vater so wütend und genervt war, getrunken und uns Kinder manchmal geschlagen hat, weil er so verzweifelt war? Und wie war das noch gewesen, als wir nicht*

*mehr das Geld hatten, um den Bankkredit zu zahlen und dann aus dem schö-
nen Haus ausziehen mussten?" - Solche und ähnliche Fragen könnten dann
kommen. „Aber vielleicht war es ja gar nicht so schlimm, und vielleicht war
es ja auch sehr schön, als die Familien während der Krise beisammen waren
wie sonst nur an Weihnachten oder im wohlverdienten Jahresurlaub?"*

*Krisen sind immer auch Chancen. Nutzen wir sie. Was mich betrifft,
werde ich vielleicht einige „Corona-Geschichten" schreiben. Ob sie sich tatsächlich ereignet haben, spielt dabei gar nicht die entscheidende Rolle. Haupt-
sache, sie sagen uns die Wahrheit. Und gute Geschichten tun das immer. Sie
können uns gar nicht belügen, weil sie uns vom Leben erzählen, wie es wirklich war und ist, denn das Leben lässt sich nicht täuschen. Leben wir dieses
Leben nur ganz bewusst und seien wir offen für seine Geschenke und Gaben.*
(Hubert Michelis)

Aber neben den Sorgen und Nöten, die vermutlich alle Menschen
in diesen Tagen umtrieben, gab es bei autistischen Menschen noch einige weitere Besonderheiten.

## Autismusspezifische Aspekte der Coronakrise und Auswirkungen auf das Befinden der Betroffenen

In der Befragung unter betroffenen Erwachsenen wurde deutlich,
dass zahlreiche unterschiedliche Aspekte im Zusammenhang mit der
Coronakrise von Bedeutung sind, die sich auf unterschiedliche Weise
auf das Befinden autistischer Menschen auswirken – positiv genauso
wie negativ.

### Notwendigkeit von Flexibilität, Verlust von Strukturen und Routinen

Die zahlreichen Veränderungen und Neuerungen vor allem zu Beginn der Pandemie wurden als große Herausforderung erlebt. Es

wurde eine ganze Menge an Flexibilität verlangt, die Fähigkeit, sich täglich (oder manchmal gefühlt auch stündlich) an sich verändernde Bedingungen neu anzupassen. Viele Betroffenen beschrieben eine große Erschöpfung und Überforderung.

Liebgewordene Routinen konnten so nicht mehr ausgeführt werden, man musste sich ständig neu erfinden und sich neue Strukturen überlegen:

*Mich an die Regeln zu halten, fiel mir überhaupt nicht schwer – stressig waren jedoch die Veränderungen und dass so vieles, was mir Struktur und Halt gab, plötzlich wegfiel. Mein fester Wochenplan brach zusammen und damit meine psychische Verfassung.* (Martina Meigen)

*Am Freitag, dem 13. März ist es soweit, passend für alle abergläubischen Menschen: Der Lockdown! Es trifft mich wie ein Schlag, auf einmal bricht alles weg von 100 auf 0. Mit äußerst schlechtem Gewissen gehe ich abends ein letztes Mal zum Sport, bei der Arbeit wird ein Monat Zwangsurlaub angeordnet. Dadurch fallen alle Aktivitäten flach, die meine Tage strukturieren, mich bereichern und unter Menschen bringen.* (Stephanie Walter)

*Ich litt darunter, den Tag nicht wie sonst mit den Aktivitäten beschließen zu können, die mir lieb und wichtig sind – einen Kaffee trinken in einem netten Café, der Besuch eines Museums, der Leseraum der Bibliothek, meine Eltern treffen und vieles mehr.*

Veränderungen und alles Unerwartete fallen Menschen mit Autismus ja generell sehr schwer, deshalb zeigten sich viele Betroffene zu Beginn sehr verunsichert und berichteten von großem Stress, bis es manchen von ihnen schließlich nach einer Weile (oft mit Unterstützung) gelang, ihre neue Routine zu finden (s.u.).

Viele andere autistische Menschen aber waren auch noch nach mehreren Wochen und Monaten mit der neuen Situation überfordert und erlebten die Corona-Pandemie als eine *„Zeit der totalen Verunsicherung"*. Sie berichteten, *„die Kontrolle über mein Leben verloren"* zu haben: *„Es ist alles Chaos"*, weil die vorherige Struktur nicht mehr aufrechterhalten werden konnte. Oft haben sie feste Rituale für den Alltag, machen bestimmte Erledigungen und Wege, die ihnen Halt geben - und diesen Halt haben sie nun verloren. Der Ablauf ist ein anderer, die so wichtigen Tages- und Wochenpläne funktionieren nicht mehr, es gibt keine Sicherheit mehr.

## Körperliche Distanz und persönliche Kontakte

Man weiß schon lange, dass es stressmindernd wirkt, auf angenehme Weise berührt zu werden. Es werden dann weniger Stresshormone ausgeschüttet, die Angst löst sich, das Gefühl einer Grundsicherheit stellt sich ein.

Auch viele Menschen mit Autismus haben Berührungen entdeckt, die ihnen guttun - der zufällige enge körperliche Kontakt in Alltag gehört jedoch in den meisten Fällen nicht dazu. Daher gelang es den meisten Betroffenen recht problemlos, die Abstandsregel zu befolgen und die körperliche Distanz zu wahren. Der Verzicht auf Händeschütteln und Umarmungen wurde sogar als äußerst angenehm erlebt. Schwierigkeiten bereitete eher die stressauslösende Ungewissheit, ob denn auch die anderen Menschen den notwendigen Abstand einhalten würden. Und jeder Mitmensch ist noch weniger als sonst zu durchschauen:

*Ist er ein freundlicher Helfer, der mich unterstützt, oder jemand, der, ohne es zu wissen, das Virus in sich trägt und mir die Infektion bringt? Wem kann ich noch vertrauen?*

Probleme mit dem Alleinsein hatten anfangs vor allem solche Menschen, die es gewohnt waren, sich durch soziale Kontakte zu stabilisieren. Wer dagegen einsame Zeiten in seinem Leben kennt, dem machte das erzwungene Alleinsein zu Beginn der Pandemie in vielen Fällen nicht so viel aus, denn er hat ja geübt, damit zurechtzukommen.

Längerfristig jedoch zeigte sich deutlich, dass die aktuelle Bedrohungslage für ohnehin einsame Menschen besonders belastend zu sein scheint. Dies betrifft ja auch zahlreiche Menschen mit Autismus. Einsamkeit steigert generell die Wahrnehmung von Angst und Stress. Und nun fällt der stressmindernde Effekt sozialer Nähe für die, die allein sind, weg:

*Ich lebe allein - und das sehr gern. Bei der Arbeit habe ich ein paar Kontakte, danach genieße ich die Zeit in meiner Wohnung mit mir selbst. Ich muss auf niemanden Rücksicht nehmen, keine Kompromisse eingehen in der Alltagsplanung. Aber jetzt, in der Krise, fällt mir manchmal doch die Decke auf den Kopf, wie man so sagt. Seit Anfang April arbeite ich von zu Hause aus, die wöchentliche Arbeitszeit hat mein Arbeitgeber deutlich reduziert.*

*Mir bleibt also gerade viel, zu viel Zeit, mich mit mir selbst zu beschäftigen. Deshalb gehe ich täglich raus, fahre Fahrrad, laufe, gehe spazieren. Wenn mir Paare begegnen, steigt manchmal so etwas wie Neid in mir auf. Natürlich weiß ich von anderen Menschen, wie konfliktbehaftet die Corona-Zeit für so manches Paar sein kann, weil man einfach so viel mehr Zeit füreinander hat und oftmals gar nicht daran gewöhnt ist. Ich selbst aber sehe beim Blick auf die Paare in erster Linie zwei Menschen, die sich berühren dürfen, die Hand in Hand gehen und sich in der Krise unterstützen können. In solchen Momenten wird mir oft schmerzlich bewusst, wie allein ich mich fühle.*

Psychische Instabilität und fehlende Unterstützung

Die Kontaktbeschränkungen hatten einerseits zur Folge, dass man anderen nicht mehr mühsam erklären musste, weshalb man am liebsten zuhause sitzt, oder dass spontane Überraschungsgäste, die eine große Herausforderung bedeuten, wegfielen, was häufig als „großes Glück" empfunden wurde. Gleichzeitig jedoch – und das war das eigentliche Drama – brach in dieser Zeit nahezu die gesamte Unterstützung zusammen. Autismus-Therapie-Zentren mussten vorübergehend den Betrieb einstellen, persönliche Assistenzleistungen fielen meist ebenso weg wie Physio- und Ergotherapie. Psychotherapeuten arbeiteten bevorzugt mit Videositzungen statt mit persönlichen Kontakten, Selbsthilfegruppen und andere Gesprächs- oder Freizeitangebote für autistische Menschen durften nicht stattfinden. In dieser Zeit voller Angst und Unsicherheit, in der viele Betroffene deutlich mehr Hilfe gebraucht hätten als sonst, gab es häufig gar keine Unterstützung mehr. Einige autistische Menschen, die üblicherweise längst alleine lebten, zogen wieder bei ihren Eltern ein, weil sie dort zumindest noch ein bisschen Hilfe erhalten konnten. Gleichzeitig aber wurde auch dies oft als schwierig beschrieben, weil man sich in der eigenen Wohnung mit den eigenen Routinen so eingerichtet hat, dass es für die eigene Person passt – aber eben nicht immer für die Eltern. Vor allem zu Beginn war das Miteinander häufig durch viele Spannungen geprägt, bis man sich meist ein bisschen an die aktuelle Situation gewöhnen und gemeinsam Kompromisse finden konnte.

Viele Betroffene fürchteten aber doch eine deutliche Verschlechterung ihres Gesundheitszustands, sollte die Krise länger anhalten. Bei einigen von ihnen führte die Pandemie zu länger anhaltender seelischer Instabilität mit verstärkten Sorgen. Aufgrund der Schließung der Hilfsangebote verloren sie wichtige Möglichkeiten der Tagesstrukturierung sowie des Austauschs mit anderen Menschen. Die krisenbedingt negativen Botschaften aus den Medien wurden häufig noch deutlich pessimistischer interpretiert als von anderen Personen, was manchmal zu einer zunehmend negativen Weltsicht führte. Alle diese Faktoren können bereits bestehende Depressionen verstärken; manchmal kommt es auch zu einer paranoiden Verarbeitung der Ängste.

Man vermutet, dass insgesamt die Menschen, die emotional stabil sind, sich unter Corona relativ sicher fühlen; diejenigen aber, die zuvor schon keine Grundsicherheit erleben konnten, es nun in der Pandemie besonders schwer haben werden.


## Schule

Mitte März schlossen die Schulen, nach und nach wurden Angebote für den häuslichen Unterricht entwickelt. In manchen Fällen wurden auch einfach per E-Mail Aufgaben versandt und Themen genannt, die die Kinder sich zu Hause erarbeiten sollten. Manches konnte man sich in Lernvideos im Netz erklären lassen, anderes brauchte persönliche Erläuterungen. In vielen Fällen waren die Eltern gefragt, die - nicht selten neben eigener Mehrarbeit als Angehörige systemrelevanter Berufe, neben mitunter existenziellen Sorgen infolge erlebtem oder befürchtetem Arbeitsplatzverlust oder aber Wegfall von Einnahmen als

Selbstständiger - ihren Kindern zahlreiche Sachverhalte erklären und dafür nicht selten auch erst einmal selbst nachschlagen mussten, weil die eigene Schulausbildung eben schon lange zurücklag und viele Aspekte nicht mehr präsent waren. Und gerade dann, wenn beide Partner von zu Hause aus arbeiten mussten, war es fast unmöglich, auch noch entspannt auf seine Kinder aufzupassen. Auch weitere Schwierigkeiten mussten berücksichtigt werden:

*Als Mutter eines autistischen Sohnes und Ansprechpartnerin einer Selbsthilfegruppe für Eltern autistischer Kinder bekomme ich zur Zeit vermehrt Rückmeldungen von Eltern, dass die häusliche Beschulung der Kinder sehr schwierig sei, es aber von Seiten der Schulen bzw. Lehrer Unverständnis gebe. Dazu zählen z.B. Äußerungen wie: „Die Situation ist für die Autisten jetzt doch viel besser, jetzt können sie endlich reizarm lernen." – Nun trifft das sicherlich auf manche zu, jedoch ist das ganz sicher nicht in allen Familien gegeben - Homeschooling in beengter Wohnsituation, evtl. noch mit kleinen Geschwistern ist eben nicht automatisch reizarm. Außerdem muss ja auch der Aspekt der mangelnden Selbstorganisation bzw. der mangelnden Fähigkeit zur Selbststrukturierung beachtet werden. Viele unserer Kinder schaffen das nicht allein und brauchen sehr viel Unterstützung, teilweise geht es gar nicht ohne eine stützende Struktur von außen. Eltern sind hier momentan noch mehr gefordert (und oft auch überfordert) als sonst, da fast alle Unterstützungssysteme weggebrochen sind.* (Caren Löwen)

*Viele Leute empfehlen, man solle doch die Entschleunigung des Alltags und die viele Zeit mit den Kindern genießen. Allerdings glaube ich nicht, dass diese Menschen gleichzeitig arbeiten gehen und mehrere Kinder zuhause betreuen, schon gar kein behindertes Kind.*

Arbeit und Wohnen

Auch Arbeits- und Wohnbereiche waren betroffen: Werkstätten hatten geschlossen, zahlreiche Mitarbeiter von Dienstleistungs- und Produktionsbetrieben waren in Kurzarbeit oder erhielten gar betriebsbedingte Kündigungen, Praktika wurden verschoben oder ganz abgesagt, neue Auszubildende lieber erst einmal nicht eingestellt, weil es galt, möglichst viele Kosten und Unsicherheiten zu vermeiden. Sehr viele Selbstständige bangen noch immer um ihre Existenz, Millionen Menschen werden mehr denn je auf Unterstützung angewiesen sein. Der Staat versprach Unterstützung, aber die Angst konnte er nicht nehmen.

In Wohnheimen waren Besuche untersagt, und da die technische Ausstattung und die Unterstützung der Bewohner beim Benutzen von Videotelefonie o.ä. noch längst nicht überall ausreichend waren, konnten viele autistische Menschen über Wochen hinweg ihre Angehörigen nicht sehen. Da die Arbeit wegfiel und Betreuer die Kontakt- und Abstandsregeln möglichst penibel einhalten mussten, blieben die Betroffenen häufig mit ihrem Leid allein. Bestmöglicher Schutz bedeutete plötzlich Exklusion statt Inklusion.

Und diejenigen autistischen Menschen, die einer Beschäftigung auf dem ersten Arbeitsmarkt nachgehen, berichteten von ebenfalls starker Belastung, weil so vieles umorganisiert werden musste und es viele veränderte Vorgaben gab. Häufig wurde betont, dass man sich große Mühe gab, mit den Anforderungen zurechtzukommen, insgesamt aber den stärkeren Stress deutlich zu spüren bekam und oft zusätzliche Unterstützung benötigte, um die Aufgaben erledigen zu können:

*Ich versuche, die Arbeitsaufträge wie vorgesehen zu erledigen, halte mich aber an Belanglosigkeiten fest.*


Freizeit

Der Einkauf im Supermarkt und jede andere menschliche Begegnung in der Freizeit wurden zu „Exkursionen im Feindesland". Jeder Fremde bedeutete erst einmal Angst, oft dachten wir über andere Menschen: „Komm mir bloß nicht zu nahe".

Gleichzeitig war der Lebensmitteleinkauf für viele Betroffene über mehrere Wochen hinweg mit die einzig mögliche Freizeitbeschäftigung. Vereine und Verbände durften keine Aktivitäten anbieten, Museen und Kinos hatten geschlossen, Volkshochschulkurse und viele andere Angebote wurden abgesagt, ebenso Volksfeste. Lange waren auch keine Restaurantbesuche möglich, und als sie wieder erlaubt waren, blieb für viele Betroffene erst einmal die Verunsicherung, ob man das wirklich versuchen und das vermutete Risiko eingehen wollte.

Langeweile und Stereotypien nahmen daher in der Pandemie zu (*„ich habe nichts zu tun"*). Viele Betroffene fühlten sich *„eingesperrt"* und *„wertlos"*. Zahlreiche der alleinlebenden autistischen Menschen beschrieben Einsamkeit. Sie sorgten sich um das eigene psychische Befinden, *„weil niemand da ist, mit dem man sprechen könnte"*. Die körperliche Distanz war dabei kein Problem – die nahezu vollständige soziale Abstinenz jedoch durchaus. Andere Betroffene waren aber auch erleichtert durch die Entschleunigung, den Wegfall vieler Termine, die häufig in der Gesamtheit als Überforderung erlebt wurden, und durch die geringeren Anforderungen und Erwartungen an die eigene Person. Sie bemerkten weniger Alltagsstress und Termindruck sowie mehr Privatsphäre durch den größeren Abstand:

*Mein Leben hat sich total vereinfacht – zum ersten Mal im Leben habe ich das Gefühl, dass man es schaffen kann.*

Gleich mehrere weitere Aspekte wurden im folgenden Beitrag beschrieben:

*Seit Juli 2019 durchlebe ich einen persönlichen Tiefpunkt. Diese Krise hat Ängste vor Chefs und Kollegen in mir ausgelöst. Denn ich wurde bei der Arbeit in einer Werkstatt für behinderte Menschen wegen meiner starken autistischen Verhaltensauffälligkeiten ständig gerügt und bekam sogar zwei Abmahnungen. Anfang 2020 wurde ich aus der Werkstatt gekündigt. Als wäre dies nicht genug, begann fast zum selben Zeitpunkt die Krise mit dem Coronavirus. So kommt es, dass ich nun sowohl wegen meiner Arbeitslosigkeit als auch wegen der Coronakrise daheim herumhocke. Es fällt mir schwer, mich angemessen zu beschäftigen. Ich gebe mir sehr viel Mühe, dass ich nicht verblöde. Zum Beispiel zeichne ich naive Malerei oder schreibe kurze Essays. Aber auch Spaziergänge in meinem Wohnviertel mache ich oft.*

*Doch das reicht nicht, um meine innere Leere auszufüllen. Ich brauche eine konkrete Tagesstruktur. Sonst werde ich noch verrückt. Viele Leute mögen jetzt denken: „Stellen Sie sich nicht so an! Die Krise betrifft uns doch alle." – Die Leute außerhalb meiner Familie haben keine Ahnung, wie schwer das Leben ohne feste Struktur für Autisten ist.*

*Jedoch hat die Coronakrise aus meinem autistischen Blickwinkel auch ihre guten Seiten: Der soziale Mindestabstand sorgt dafür, dass es keine Volksaufläufe gibt, die mich sehr stressen. Somit kann ich meine Lieblingsläden ohne Gedränge besuchen. Meine Lieblingsgeschäfte sind Buchhandlungen und Läden, in denen es Schreibwaren zu kaufen gibt.*

*Ein weiterer positiver Aspekt der Coronakrise: Ich bin im Augenblick sehr kreativ. Dementsprechend schreibe und zeichne ich häufig. Während die Texte vor Sachthemen strotzen, sind meine einfach gestrickten Bilder fantasievoll und skurril. Mir ist klar, dass ich nicht die Zeichnerin mit genialem Talent bin. Aber ich zeichne trotzdem, weil es mich entspannt. Die naive Malerei gibt mir Kraft während der Coronakrise.*

*Kurz zusammengefasst, möchte ich erwähnen, dass ich aufgrund der krisenhaften Zeiten zwischen Verzweiflung und Hoffnung schwebe.* (Esra Kurt)


Persönliche Kontakte

Einige Betroffene beobachteten bei anderen Menschen eine auffallend große Sensibilität und Hilfsbereitschaft füreinander:

*Während meines heutigen Spaziergangs saß ich nach halbem Wege am Stadtrand auf einem Mauervorsprung und betrachtete die von der Stadt angelegten Beete und Rabatten, die nach dem Regen der vergangenen Tage einen enormen Wachstumsschub erlebt hatten. Ich saß da anscheinend etwas versonnen und auch gekrümmt, als ein Mann, der mit seinem kleinen Jungen vorbeiging, mich ganz unvermittelt fragte: „Alles in Ordnung?" Ich meinte: „Ja, alles bestens!", dankte dem Mann, was ich mit einem anerkennenden Kopfnicken noch zu bestätigen versuchte, sodass der Mann selbstzufrieden, beinahe glücklich, lächelte.*

*Eine winzige Begebenheit, die mir sagt, dass die Menschen zur Zeit höchst sensibel sind. Es herrscht eben nicht nur die Angst vor Ansteckung, Selbstschutz oder Abstandhalten! Die Menschen sind selbstloser und besser, als wir (ich zumindest!) oft über sie gedacht haben, denn selbst Corona macht uns nicht zu abgeschotteten Egoisten.*

*Als ich weiterging, mich schon auf der Zielgeraden befand, sah ich, dass eine Frau stolperte und dann der Länge nach bäuchlings hinfiel. Die Frau war mittleren Alters und ziemlich korpulent, sodass sie es nicht gleich schaffte, sich wieder aufzurichten. Die Brötchen, die sie zuvor in der kleinen Bäckerei nebenan gekauft haben musste, lagen verstreut auf dem Bürgersteig. Ich befand mich auf der gegenüberliegenden Straßenseite und überlegte noch, ob ich ihr nicht helfen müsste. Und während mir noch die Ansteckungsgefahr durch den Kopf ging, hatten sich längst drei Passanten auf die Frau gestürzt, um ihr beizustehen, und erkundigten sich fürsorglich, ob sie verletzt sei. Keiner von ihnen hatte in diesem Moment an körperlichen Abstand oder Corona gedacht. Ich war erneut überrascht über so viel Empathie, allerdings auch beschämt über mich selbst.* (Hubert Michelis)

Vermisst wurden viele kurze, lange als selbstverständlich empfundene Kontakte, über die man sich nie viele Gedanken gemacht hatte, die nun aber einfach fehlten. Manchmal war das eine Form der Lebendigkeit, die man sich mühsam über viele Jahre und Jahrzehnte hinweg erarbeiten musste und die nun wegzubrechen schien:

*Es gingen Kommunikationsstrukturen verloren, die für mich doch oft auch angenehm waren. Die schönen Kurzkontakte mit netten Menschen im Rahmen meiner Vorträge fehlten mir schon sehr. Das Abstandhalten war kein Problem, die vollständige soziale Isolation aber schon.*

*Ich merkte, dass ich das Leben vermisste. Es war alles so anders. Ich war so allein. Ich vermisste das Reisen, das Unterwegssein, das „Abtauchen" unter anderen Menschen, was ich so mochte: unter Leuten sein und doch allein. Damit ging es mir so gut. Ich wurde immer trauriger. Ich habe sehr viel an mir gearbeitet und mir ein schönes und glückliches Leben erkämpft. Und nun war alles anders. Vielleicht, so dachte ich, würde es irgendwann auch wieder ein bisschen schön werden, aber es war alles so anders und das machte mir Angst.*

*Auch die Einsamkeit als solche war in der öffentlichen Wahrnehmung anders. Corona brachte das Thema ein Stück weit in die Normalität aller Menschen, heraus aus den Tabus. Manchmal musste ich schmunzeln. Worüber sich andere nun beklagten, ist für mich lebenslange Realität. Ein ganzer Abend allein zu Hause - darüber kann ich tatsächlich nur schmunzeln, aber andere Menschen schockte das offenbar bereits.*

*Als ich schließlich zum ersten Mal wieder ausging, war ich sehr aufgeregt. Zuerst beschloss ich, einen Kaffee zu trinken, etwas später kehrte ich für ein*

Abendessen ein – jeweils draußen im Freien. *Zunächst dachte ich, das wäre alles viel zu kompliziert und würde keinen Spaß machen – aber dann war es doch sehr schön. Endlich mal wieder in halbwegs entspannter Atmosphäre unter Menschen zu sein – das war so schön. Ich war sehr glücklich danach. Manchmal merkt man erst dann, wenn etwas nicht möglich ist, dessen wahren Wert. Man nimmt so vieles als selbstverständlich hin, was es aber nicht ist. Vieles auch in meinem Leben ist ein Geschenk.*

## Mund-Nasenbedeckung

Als schließlich die „Maskenpflicht" immer konkreter wurde, bereitete auch diese Vorstellung vielen Betroffenen Sorgen. Manchen Menschen mit Autismus fällt es schwer, einen Fremdkörper in ihrem Gesicht und auf ihrem Kopf zu ertragen, sie sind hier oft extrem empfindlich und können sich manchmal auch als Erwachsene nicht an Schal oder Mütze gewöhnen. *„Dieser ständige Reiz im Gesicht – das könnte ich nicht ertragen"*, so schreibt es eine Betroffene in der Erwartung der Verpflichtung zum Tragen eines Mund-Nasen-Schutzes. Aber ein entsprechendes ärztliches Attest bedeutete dann eben auch eine sehr starke Ausgrenzung und die Notwendigkeit, sich überall für diese Sonderregel erklären zu müssen. Zahlreiche Läden schließlich verweigerten bei fehlender Mund-Nasen-Bedeckung auch mit Attest den Zutritt.

Insgesamt aber gelang es den allermeisten autistischen Menschen nach einer Weile, sich auf die neuen Regeln einzustellen, manchmal unter Zuhilfenahme verschiedener Strategien. So kann man etwa, wie es eine Autorin beschreibt, das Tragen der Maske quasi „kognitiv umdeuten":

*Ich werde sie zuerst als Fliegenschutz beim Radfahren ausprobieren, und wenn ich mich daran gewöhnt habe, kann ich sie auch in einer stressigen Situation beim Einkaufen tragen.*

Oft brauchen die Betroffenen etwas mehr Zeit als andere Menschen, bis sie solche Veränderungen und Neuerungen akzeptieren und verinnerlichen können - dann aber sind sie oft sehr gewissenhaft in der Lage, diese zu befolgen.

*Keine Corona-Schutzmasken? - Not macht erfinderisch! Als Junge und junger Mensch hatte ich Jahr für Jahr monatelang stark mit Allergien zu kämpfen, die Asthma ausgelöst haben. Neben der Luftnot mit starken Hustenanfällen lief die Nase, die Augen waren rot und verquollen, kurzum: Ich war total außer Gefecht gesetzt und konnte auch nicht raus. Damals kam mir eine Idee: Ich nahm ein großes Taschentuch, machte zwei Löcher an zwei der Ecken und band es mir mit einem Gummi vors Gesicht, sodass unterhalb der Augen die untere Gesichtshälfte bedeckt war. Außerdem habe ich dieses Tuch dann immer wieder mit Wasser befeuchtet, und diese Methode hat mir wirklich geholfen. Anscheinend kamen die Pollen nicht durch das Gewebe des Taschentuchs und ihre Reize für die Schleimhäute ließen bald nach, sodass ich mich dann sogar in die freie Natur traute und die Symptome recht bald verschwanden.*

*Ein Freund zeigte mir ein Foto von selbstgenähten Atemschutzmasken. Seine Freundin arbeitet in einer Klinik, wo es nur wenig Infizierte, aber keine Masken mehr gab. Die haben dann selbst solche Masken aus Kitteln, Bettlaken und anderem Stoff genäht. So dumm scheint meine Idee mit dem Taschentuch also gar nicht gewesen zu sein...* (Hubert Michelis)


## Situation der Eltern

Auch für Eltern und Angehörige von Menschen mit Autismus war die Zeit des Corona-bedingten Lockdowns eine riesige Herausforderung. Schulkinder mussten ebenso zu Hause bleiben wie solche im Kindergartenalter; durch häusliche Kinderbetreuung, Beschulung, eigene Berufstätigkeit und das enge Zusammensein im Familienverbund für längere Zeit auf engem Raum bestanden gleich mehrere Belastungsfaktoren parallel.

Viele ältere Kinder wurden wieder von den Eltern aufgenommen, weil die Werkstätten geschlossen waren oder Universitäten nur Online-Angebote machen konnten und man Sohn oder Tochter nicht einfach sich selbst überlassen wollte, zumal ja die ambulanten Hilfen zum

Großteil pausieren mussten. Ihre im Wohnheim betreuten Kinder über viele Wochen hinweg nur telefonisch zu sprechen, kam für viele Eltern ebenfalls nicht in Frage, sodass sie sie zu sich holten.

Es galt nun also, ganztägig die Kinder zu betreuen, sie sinnvoll zu beschäftigen und bestenfalls auch zu fördern. Das war anstrengend, und viele Eltern berichteten von starker Erschöpfung sowie davon, am Ende ihrer Kräfte zu sein. Manche von ihnen sorgten sich, dass sich diese Kraftlosigkeit auch auf die Kinder übertragen könnte.

Gleichzeitig betonten sie aber auch, dass sie gern für Sohn oder Tochter sorgen, zumal in dieser unsicheren Zeit, dass es ihrem Kind Sicherheit und Vertrauen gegeben habe, die Familie um sich herum zu haben. Dennoch hatten viele betroffene Eltern aber auch ein bisschen das Gefühl, „vergessen" worden zu sein bei all den Hilfen, die die Politik nun plante:

*Vor allem wir Mütter machen unsere Arbeit hinter verschlossenen Türen - das bekommt niemand mit. Ich hatte mir auch für uns ein bisschen Wertschätzung und Anerkennung erhofft - aber wir wurden offenbar vergessen.*

Insgesamt jedoch gab es durchaus unterschiedliche Rückmeldungen von den Eltern autistischer Kinder: Es überwogen Berichte über Erschöpfung, Überforderung, Stress und fehlende Motivation bei den Kindern, aber es gab auch andere Stimmen. Manche Eltern äußerten sich auch ganz zufrieden mit der aktuellen Situation und gaben an, der Familienalltag sei entspannter, die Kinder ausgeglichener, sie lernten sogar mehr als im regulären Schulunterricht.

## Was fehlte Menschen mit Autismus am meisten?

Beschrieben wurden verschiedene Bereiche, deren Abwesenheit die größten Probleme bereiteten:
- Persönliche Kontakte (Freunde, Angehörige, auch Selbsthilfegruppe) – in manchen Fällen wurde dies aber auch gerade

beschrieben als das, was nicht fehlte – so unterschiedlich sind eben auch autistische Menschen!

- Beratung, Therapie und andere Hilfsangebote; physiotherapeutische Anwendungen (mehrmals genannt!), Möglichkeit für Arztbesuche – *„die haben derzeit alle keine Zeit"*
- Die Möglichkeit, ungehindert nach draußen zu gehen, wann immer man das möchte, Freizeitbeschäftigungen nachzugehen (Kaffeetrinken, Friseurbesuch, schön essen gehen, kulturelle Angebote wahrnehmen etc.)
- Die Möglichkeit, den Tagesablauf wie üblich zu gestalten, die übliche Struktur fehlte, die eigenen Routinen, die Sicherheit geben und Entspannung vermitteln: *„die Ostertraditionen mit der Familie, auch die Sicherheit des geplanten Fernsehprogramms – durch die vielen Sondersendungen gerät alles durcheinander"*
- Ein großes Problem war die fehlende zeitliche Begrenzung des Ausnahmezustands und damit die fehlende Kontrolle über die Situation: *„ich fühle mich ausgeliefert"*. Es fehlte eine sichere, planbare Zukunft (auch deshalb, weil v.a. zu Beginn der Pandemie die Regeln ständig geändert wurden); es fehlten konkrete Aussagen, die Sicherheit *„und die Hoffnung, dass es irgendwann auch wieder besser wird"*
- Ein ruhiger Rückzugsort (*„ich wohne gerade bei meinen Eltern – alle sind zu Hause, es ist ein ständiges Chaos"*)
- Die Möglichkeit, entspannt einkaufen gehen (*„ist mir derzeit zu anstrengend"*)
- Das „ganz normale" alltägliche Leben mit der *„intellektuellen Herausforderung des Alltags, deren Überwindung sich mit einem Glücksgefühl verbindet."*

In manchen Beiträgen wurde aber auch beschrieben:

*Mir fehlt nichts – ich genieße mein Alleinsein, es ist so entspannend mit mir selbst.*

# Was hat sich im Laufe der Wochen verändert?

Einige autistische Menschen berichteten über eine abnehmende Angst im Verlauf, dafür eine eher zunehmende Traurigkeit und Depressivität; Zwangssymptome und eine körperliche Stresssymptomatik nahmen in vielen Fällen ebenfalls zu.

<u>Ruhigerer Alltag</u>

Andere Betroffene wiederum beschrieben, sie seien im Verlauf *„entspannter geworden, weil ich Zeit hatte, mich an die Umstände zu gewöhnen"*. Manche von ihnen verglichen diese Zeit mit *„Urlaub"*, es gab *„weniger Verpflichtungen und mehr Zeit für mich selbst, niemand schimpft, weil ich nur zu Hause sitze – das ist nun sogar erwünscht!"*
Eine autistische Frau beschrieb es so:
*Die Welt ist ein Stück autistischer geworden. Viele Leute fragen sich, wann diese Situation endlich vorbei ist, wann alles wieder so ist wie früher. Das geht mir so nicht: Ich würde mir wünschen, es würde nicht komplett wie früher.*
Und eine andere Betroffene ergänzte:
*Ich bin zu der Entscheidung gelangt, künftig einige Termine aus meinem Kalender zu streichen, weil es mir damit besser geht, weil das viel weniger anstrengend ist.*

<u>Antriebslosigkeit, Resignation - aber auch Gedanken in die Zukunft</u>

Sehr viele Menschen im Autismus-Spektrum aber erlebten eher das Gegenteil – diese Zeit mit (zu) wenig Struktur führte bei ihnen zu Antriebslosigkeit, einer Zunahme von Stereotypien und zu einer schweren Sinnkrise:
*Warum soll ich kämpfen, mich anstrengen, mit meinem Autismus lernen umzugehen? Es lohnt sich ja doch nicht, denn Corona ist gefühlt überall.*

Eine Betroffene fasste ihre Gedanken wie folgt zusammen:

*Für alle Menschen ist die Corona-Pandemie eine einschneidende Erfahrung, die nahezu alles umstrukturiert hat und weiterhin beeinflussen wird. Autisten, deren ohnehin schon schwieriges Leben stark ausgerichtet auf Struktur und Berechenbarkeit, aber trotz dieses hilfreichen Gerüsts immer noch herausfordernd genug ist, mussten sich plötzlich einem zusätzlichen Problem stellen. Mich persönlich haben die ersten beiden Wochen der Corona-Krise nervlich sehr strapaziert. Veränderte Abläufe, damit einhergehend oft nicht beeinflussbares Zeitmanagement, die Jagd nach Lebensmitteln und Toilettenpapier (ja, auch ich!), eigene und fremde Aggressionen – dies alles machte den Alltag, den ich normalerweise gut bewältigen kann, zur enormen Herausforderung. Aber: eigentlich nur den Alltag „draußen". Da ich wegen meiner hohen Empfindlichkeit gegenüber Sinnesreizen jeglicher Art auch ohne behördliche Anordnung viel Zeit zu Hause verbringe, war das Gebot der Kontaktbeschränkung kein Problem. Dem Stress, der draußen herrschte, konnte ich mit Musik und Ruhe begegnen. Natürlich habe ich den persönlichen Kontakt zu Familie und Freunden vermisst, schmerzlich sogar, aber die endgültige Eindämmung der Pandemie wird nur erreicht werden, wenn persönliche Interessen für einen Zeitraum, dessen Dauer leider niemand definieren kann, in den Hintergrund treten. Also: Offline-Modus für die Spaßgesellschaft. Spätestens die schockierenden Bilder des Militärkonvois, der die vielen Toten wegbrachte, mussten uns aufrütteln und erkennen lassen, dass die Situation längst außer Kontrolle war – die Ignoranten aber redeten von gefährdeter Demokratie, Willkür des Staates und Vereinsamung.*

*Wenn ich über den Tellerrand meines Lebens hinausschaue, würde ich mir wünschen, dass wir über alle Grenzen hinweg künftig in der Lage wären, Vernunft, Disziplin und weniger Egoismus als probate Mittel gegen diese Pandemie und ihre beängstigende Dimension einzusetzen. Auf die schnelle Entwicklung eines Impfstoffes sollten wir uns nicht verlassen. Die Lockerungen erzeugten nach meiner Ansicht auch eine unangemessene (dumme!) Sorglosigkeit – dafür aber ist Corona viel zu gefährlich und unberechenbar. Ich bewerte Corona als ultimative Aufforderung zur globalen Umkehr in vielen Bereichen. Im Rahmen meiner Möglichkeiten werde ich dazu beitragen, was ich kann. Meine persönliche Normalität wird immer Asperger heißen,*

*und ich hoffe nicht, dass Corona für immer Anteil an ihr hat. Aber es wäre*
*möglich.* (Agathe Grimm)


## Unterschiedliche Reaktionen auch innerhalb der Familie

Und eine ebenfalls betroffene Mutter zweier autistischer Kinder im schulpflichtigen Alter betrieb eine Art „Sozialstudie" in ihrer Familie:

*Dass autistische Menschen durchaus sehr verschieden sein können, ist ja hinreichend bekannt. Und so erstaunt es nicht, dass es auch ganz unterschiedliche Strategien im Umgang mit der Corona-Situation gibt.*

*Bei uns lässt sich das gut auch innerhalb der Familie erleben: Während der 16-jährige Sohn das Virus zu seinem Spezialgebiet gemacht hat, weicht die 13-jährige Tochter dem Thema nach Möglichkeit aus: auf der einen Seite also Podcasts, News-Ticker und Statistiken, auf der anderen Seite Waldspaziergänge, Klettererlebnisse und selbstgeschriebene Geschichten von einer anderen Welt.*

*Die Balance zwischen diesen Polen ist nicht immer einfach. Den Blick über die Familie hinaus weitend, erlebe ich persönlich Corona als eine große Sozialstudie, in der mir die Welt in diversen Bereichen ein Stück „autistischer" erscheint:*

- *Man ist mehr „auf Abstand": Kein Drängeln und Schubsen mehr (z.B. beim Einkauf oder auf engen Klassenfluren) – angenehm!*

- *Händeschütteln und Umarmungen entfallen: Man muss nicht so aufpassen, wie die unterschiedlichen Rituale sind (z.B. die genaue Anzahl an Küsschen) – wie schön!*

- *Bedeckte Mund-Nase-Partie: Nun ist es für alle schwieriger, Gesichtsausdrücke zu lesen*

- *Sensiblere Wahrnehmung: Die Angst scheint die Sinne zu schärfen (z.B. werden Gespräche insgesamt leiser) - gern noch mehr Achtsamkeit!*

- *Lokales Einkaufen regionaler Produkte: Ist sowieso viel besser (auch für die Umwelt!)*

- *Urlaub innerhalb Deutschlands (machen wir schon immer – geht auch ganz ohne Auto!): Wie schön leise war es zwischenzeitlich ohne die vielen Flugzeuge und mit insgesamt weniger Verkehr!*
- *Entschleunigung: Weniger Hektik tut allen gut – eigener Rhythmus ohne Strafe!*

*Wir haben keinen Grund zu klagen, denn unserer Familie geht es wirtschaftlich wie gesundheitlich gut. Auch ansonsten haben wir uns arrangiert. Ich bestätige aus unserer Familie Tony Attwoods Bemerkung auf einer Tagung in Köln: „Aspies are good in a crisis. They really are!" - Beide meiner Kinder kommen mit ihren ganz unterschiedlichen Strategien gut mit der Situation zurecht.*

*Natürlich wissen wir, wie schlecht es vielen anderen mit der Corona-Situation geht, wie die Pandemie Gesundheit und Existenzen bedroht, wie Menschen vereinsamen. Viele Menschen sehnen sich nach ihrem „Leben vor Corona" zurück.*

*Dennoch: Corona hat das Unmögliche möglich gemacht. Das öffentliche Leben stand still – ganz plötzlich. Und dann scheint doch auch insgesamt viel mehr möglich, wenn wir uns und unser Handeln weiter hinterfragen, wenn auch die Politik mitzieht. Etwa bezüglich der Inklusion: Könnte ein „Anderssein" nach Corona mehr Akzeptanz (oder sogar Verständnis) erfahren? – In einer „neuen Normalität" sollte es auch tatsächlich normal sein, verschieden zu sein – vielleicht ist das dann auch der Beginn einer „neuen Verschiedenheit"?* (Ilka Bendisch)


## Zusätzliche Belastungen und Stresserleben

Gleichzeitig aber bedeutet das Gefühl der Ohnmacht und des Kontrollverlusts, mit dem alle Menschen nun konfrontiert sind, besonders für Menschen mit Autismus, die sehr auf Kontrolle und Vorhersehbarkeit angewiesen sind, einen massiven zusätzlichen Stress. Auch die vielen Sondersendungen und Berichterstattungen zum Thema Corona mit all den schrecklichen Bildern können labile Menschen extrem verunsichern. Viele reagieren darauf mit Ängsten, einige autistische Menschen können solche Denkinhalte auch paranoid verarbeiten und eine

Psychose entwickeln. Dann ist eine fachärztliche Behandlung unbedingt erforderlich. Und wie sich längerfristig die Folgen der Pandemie im Hinblick auf die psychische Gesundheit auswirken, bleibt abzuwarten - für autistische Menschen, aber auch für alle anderen.

Denn auch insgesamt haben durch die Corona-Pandemie und deren Auswirkungen die Belastungen in vielen Bereichen zugenommen. Neben der Arbeit mussten eventuell noch Kinderbetreuung und Beschulung organisiert werden. Die Hausarbeit war umfangreicher geworden, weil alle zu Hause waren. Am Arbeitsplatz gab es viele neue Regeln und manchmal auch eine andere Verteilung der Arbeitsaufgaben. Nicht wenige Menschen sorgen sich zudem um ihre Arbeitsstelle und ihre finanzielle Sicherheit.

Auch die Isolationsmaßnahmen hatten einschneidende Auswirkungen auf das Leben, die Lebensqualität und die psychische Gesundheit autistischer Menschen. Viele von ihnen beschrieben eine deutliche Zunahme von Sorgen, Zukunftsängsten und seelischer Instabilität. Tagesstätten, Werkstätten, aber auch Kontakt- und Beratungsstellen mussten schließen, was die übliche Tagesstruktur und auch die Möglichkeit des Austauschs mit anderen Menschen massiv einschränkte. Beides führte zusammen mit den Kontaktbeschränkungen zu einer Verstärkung der ohnehin häufigen sozialen Isolation und Vereinsamung. Der persönliche Kontakt zu den in der Regel nur wenigen Freunden und Bekannten drohte durch die Beschränkungen zur Eindämmung des Virus nun ganz abzubrechen. Viele Menschen mit Autismus verfügen nicht über die Möglichkeit, ersatzweise einfach zum Telefonhörer zu greifen; Telefonate fallen ihnen schwer und werden deshalb oft vermieden. Nun aber war in vielen Fällen kaum eine andere Kommunikationsform möglich.

Ein Student, der eigentlich bis dato recht gut sozial eingebunden war, beschrieb nun eine deutliche Verschlechterung seiner Depression seit Beginn der Coronakrise:

*Meine wenigen Freunde unter den Mitstudenten wohnen nun weit entfernt, sie sind zu ihren Eltern gezogen, da auch noch das gesamte kommende Semester ausschließlich online stattfinden wird. Der Schachverein hat noch nicht wieder geöffnet, die Tanzschule auch nicht. Mein Vertrag als studentische Aushilfe am Flughafen ist längst gekündigt, in absehbarer Zeit werden hier sicher keine Hilfskräfte mehr benötigt.*

*Ich sitze also zu Hause und mache kaum etwas. Eigentlich kam ich fachlich gut mit, nun aber habe ich zwei Klausuren nicht bestanden und deshalb Angst, den Anschluss zu verlieren. Es fällt mir schwer, auch eigentlich einfache Anforderungen zu bewältigen, und es gelingt mir kaum, die Motivation und Konzentration aufzubringen, mir jeden Tag die vielen Vorlesungen online anzusehen und anschließend den Lernstoff zu wiederholen. Es wird wohl ein für mich verlorenes Semester werden; das wäre an sich nicht schlimm, aber noch ist ja kein Ende der Situation abzusehen. Ich weiß nicht, wie lange ich diesen Zustand aushalten kann, ich vereinsame hier. Hilfen gibt es für mich kaum: Die Psychotherapie musste Anfang des Jahres beendet werden, weil die maximale Stundenanzahl erreicht war, die die Kasse bezahlen wollte. Ab und zu hatte ich Hilfe über die Psychologische Beratungsstelle der Universität, die ist nun aber geschlossen. In meiner Not habe ich versucht, ein Beratungsgespräch bei dem Pfarrer meiner Kirchengemeinde zu führen, aber dort hieß es nur, dass das in der kommenden Zeit ausschließlich telefonisch möglich sein würde. Ich habe wirklich Angst und frage mich, wie es für mich weitergehen soll.*

Ja, es ist bekannt: Persönliche Kontakte mindern Angst und Stress. Auch digitale Substitute wie etwa die Videotelefonie können die physische Nähe nur in Ausnahmefällen und nur vorübergehend ersetzen.

## Was half Menschen mit Autismus in dieser Zeit?

Autistische Menschen und deren Eltern sind ja generell oft sehr kreativ, wenn es darum geht, Lösungen zu entwickeln. Und so beschrieben sie zahlreiche Strategien, die ihnen halfen, möglichst gut durch die erste schwierige Zeit zu kommen. Daraus lassen sich folgende Tipps für Menschen mit Autismus (und sicher auch für andere Menschen!)

zusammenfassen - für den Rest der Pandemie, aber auch für künftige Krisen und Herausforderungen:

## Informieren Sie sich, aber nutzen Sie auch Möglichkeiten zur Entspannung

Viele Betroffene beschrieben, dass sie sich Informationen zur aktuellen Lage beschafft haben, damit sie informiert waren und sich nicht so hilflos fühlen mussten. Allerdings waren es gleichzeitig auch eine „Überdosis Weltgeschehen" und die totale Gleichzeitigkeit von Informationen, die von allen Seiten auf uns einprasselten und bei vielen Menschen zu Stress und Unsicherheit führten. Wichtig sind also seriöse Informationsquellen, und meist ist es auch ausreichend, ein- bis zweimal täglich die neuesten Nachrichten zu hören:

*Von der Informationsflut fühlte ich mich nach kurzer Zeit überlastet. Ich bekam Panikattacken und stellte für mich fest, dass es notwendig war, mich zeitlich und webseitenmäßig zu begrenzen, um nicht nur noch vor dem PC zu sitzen und die aktuelle Lage zu verfolgen. Inzwischen habe ich die Nachverfolgung und Recherche von validen Informationen zur Corona-Krise in meine täglichen Routinen mit eingebaut.* (Silke Wanninger-Bachem)

Dabei ist es wichtig, auch den Blick auf positive Nachrichten zu richten, auf das, was gut läuft und was trotz aller Einschränkungen funktioniert.

Zwischen all den Informationen aber benötigen wir ausreichend Ruhe, um diese auch verarbeiten zu können. Es gilt also, eine Balance zu finden zwischen Information, Engagement, Anteilnahme am Schicksal anderer und Abgrenzung zum Schutz der eigenen seelischen Ressourcen. Auch anderen Menschen gelingt das nicht immer - die Hamsterkäufe beispielsweise belegen dies.

Notwendig ist es außerdem, Ängsten und Anspannungen zu begegnen durch Möglichkeiten zur Entspannung. Dafür wurden Meditation und andere Entspannungsübungen genannt, aber auch und ganz besonders die Beschäftigung mit den eigenen Spezialinteressen oder mit schöner, beruhigender Musik, um völlig abschalten zu können: *„Ich habe mir zu Hause eine heile Welt aufgebaut."*

Auch Achtsamkeitsübungen sind hilfreich, um kleine Freuden des Alltags erkennen und genießen zu können. „Vergangenheit ist Geschichte, die Zukunft ein Geheimnis - und jeder Augenblick ein Geschenk", so hat es die Musikerin Ina Deter getextet. Gerade in schwierigen Zeiten ist es hilfreich, den Blick auf das Hier und Jetzt zu richten, darauf, was jetzt, in diesem Moment, gerade gut ist.

Viele Betroffene entdeckten außerdem den Wert der Dankbarkeit für all das, was ihnen vorher selbstverständlich erschien: ein gemeinsames Abendessen mit Verwandten oder anderen netten Menschen, den Kaffee in der Bar nebenan, unsere Reisefreiheit oder allein die Tatsache, dass wir alle jeden Tag genug zu essen haben - für uns selbstverständlich eben, aber doch auch wie vieles andere Anlässe, „danke" zu sagen. Eine Krise bietet die Chance, bewusster als sonst das wahrzunehmen, was gut und wertvoll ist:

*Trotz allem immer wieder den Blick auf Positives – Ressourcen, angenehme Erlebnisse etc. – zu lenken, ist ebenso wichtig wie Dankbarkeit für vieles, was uns oft selbstverständlich erscheint und es doch nicht ist. Letztlich kann man nur versuchen – und das ist mein Rat – einigem auch etwas Positives abzugewinnen, so banal das klingt. Leicht ist es nicht – es hilft jedoch, beide Seiten zu betrachten.*

*Achtsamer Umgang miteinander und insgesamt, Abstand einhalten, über Alternativen nachdenken und damit auch etwas flexibler werden, sich Neuem zu öffnen, dabei Altes aber auch bewahren, die Ruhe genießen (die Natur profitierte phasenweise auch), Hilfsbereitschaft usw. Mir persönlich halfen Ruhe und das sonst fast nie vorhandene Gefühl der Verbundenheit. Es gibt sie, die schönen Momente, und dann fällt es leichter, auch die eigene Situation zu ertragen.* (Martina Meigen)

Und auch der Blick darauf, dass die Situation ja gleichzeitig alle Menschen auf der ganzen Welt betrifft, kann das eigene Leid ein bisschen lindern:

*Was anfangs unvorstellbar schien, ist irgendwie doch allmählich ansatzweise zur Routine geworden – und das ist auch gut so. Ich selbst empfinde die Situation deutlich weniger anstrengend als zu Beginn, vor allem auch deshalb, weil man damals noch nicht wusste, wie weit das noch gehen würde. Verglichen mit vielen anderen Gegenden Europas und der ganzen Welt, ist es bei uns ja doch noch relativ moderat.*

Im Prinzip muss man sich in dieser Zeit nicht anders erholen als sonst, möglicherweise aber beurteilt man Aktivitäten, die man bislang als erholsam empfunden hat, nun anders. Ein Schwimmbadbesuch etwa mit all den neuen Regelungen hat für manche Menschen nun eher eine bedrückende Komponente und trägt für sie nicht wirklich zur Entspannung bei. Dann muss man aktuell besser geeignete Alternativen überlegen. Andere Aktivitäten werden auf der anderen Seite nun vielleicht positiver wahrgenommen, weil es etwa an beliebten Orten nicht mehr so überfüllt ist wie vorher. Manche Corona-Auflagen können also auch den eigenen Bedürfnissen entgegenkommen. Und so bietet die Pandemie auch die Chance, die eigene Freizeit neu zu beurteilen.

## Strukturieren Sie Ihren Alltag neu mit unterschiedlichen Tätigkeiten

Generell sehr wichtig ist für Menschen mit Autismus eine gute Tagesstruktur mit festen Aktivitäts-, Ruhe- und Schlafenszeiten. Das stabilisiert die Seele. Nun aber ließ sich der übliche Plan in vielen Fällen so nicht mehr durchführen. Zahlreiche Betroffene nahmen sich also neue Aktivitäten vor, die sie immer zur gleichen Uhrzeit durchführten; sie erstellten dafür einen verbindlichen neuen Wochenplan, bei dem sie an den verbliebenen Routinen festhielten. Wenn man selbst die Handlungskontrolle übernimmt, fühlt man sich nicht mehr so ausgeliefert.

*Ich möchte meine Strategien und Versuche beschreiben, diese Situation zu bewältigen: zum einen, die wenigen Termine als feste Haltepunkte zu sehen und wahrzunehmen. Dabei war insbesondere die Therapie für mich ein wichtiger Bestandteil; auch die Treffen des Betreuten Wohnens fanden weiterhin statt. Zudem gelang es mir kurzfristig, eine Ergotherapeutin zu finden, die SI anbietet, was überraschend wohltuend ist – diese Therapieform war mir bisher unbekannt. Ein weiterer Fixpunkt. Anstelle des Feldenkrais-Kurses, der einmal wöchentlich stattfand, habe ich zur gleichen Zeit einen Podcast jener Dozentin genutzt; eine bekannte Stimme, ohne den Stress in der Umkleide, durch andere Teilnehmer etc.* (Martina Meigen)

Bei der Neustrukturierung entdeckten einige Betroffene, dass es sinnvoll sein kann, auch ein bisschen Abwechslung zu berücksichtigen:

*Ich teile mir den Tag in mehrere Zeiteinheiten von 1-2 Stunden ein und mache dann jeweils unterschiedliche Tätigkeiten.*

Feste Pläne sind ja für viele autistische Menschen auch sonst wichtige Hilfen:

*Ich lebe seit meiner Kindheit mit Listen, Kalendern und Routinen, was die Wochen- bzw. Tageseinteilung betrifft. Das gibt mir gerade in schwierigen und anstrengenden Zeiten sehr viel Halt.*

Genannt wurden ganz unterschiedliche Beschäftigungen, um sich abzulenken und etwas zu tun zu haben. Das waren etwa Fernkurse, handwerkliche oder kreative Tätigkeiten, zu denen man sonst eher nicht kommt und die lange unerledigt blieben, Gartenarbeit, Haushaltstätigkeiten (Kleiderschrank ausmisten…) etc., aber auch Aktivitäten im Freien (Fahrradfahren oder spazieren gehen in der Natur, Tiere beobachten etc.):

*Ich konnte den Leerlauf nutzen, mich wieder verstärkt dem Schreiben zu widmen und meine Ritualorte häufiger aufzusuchen, die mir immer wieder Ruhe und Kraft vermitteln. Ich unternahm z.B. Ausflüge in die Natur, das Wetter war dazu ja ideal, und ich kam raus, weg von den Grübeleien, konnte neue Eindrücke sammeln in bekannten Regionen, Bewegung erleben – alles, was wichtig ist, um abzuschalten oder es zumindest zu versuchen.* (Martina Meigen)

Manchmal wurde ein Hobby aus früheren Tagen wieder aufgenommen (malen, basteln etc.) oder ein wichtiges neues Projekt in Angriff genommen:

*Ich habe eine Vorsorgevollmacht aufgesetzt.*

Das Schreiben half ebenfalls, so beschrieben es viele Betroffene, auch und ganz besonders über das aktuelle Befinden und über mögliche sinnvolle Aktivitäten:

*Nun wird mir erst richtig klar, wie viel man noch kann und welche Möglichkeiten man noch hat, trotz aller Beschränkungen. –*

*Ich bin froh, dass dieses Fragebogen-Projekt läuft. Das gibt mir so ein Gefühl von Verbundenheit, für das ich sehr dankbar bin! –*

*Ich fühle mich aktuell gut unterstützt, denn ich lerne in diesen Tagen mehr über mich als all die Jahre zuvor. Ich habe mich auf heute gefreut* (die Fragebögen sollten regelmäßig abends zurückgeschickt werden; Anmerkung der Autorin) *und hoffe, dass Ihre Erkenntnisse nach der Studie anderen ebenfalls helfen können.*

Insgesamt empfahlen zahlreiche Betroffene gegen die Krisenangst vor allem *„alles, was dazu beiträgt, dass wir uns als tätige Menschen erleben":* also z.B. Aktivitäten wie kochen, backen, heimwerken, gärtnern, basteln, putzen, Sport treiben etc.:

*Wenn man es zusammenfassen wollte, würde man für eine gute Mischung aus Sport, Struktur, Kommunikation und ausreichend Schlaf plädieren.*


## Bleiben Sie in Bewegung

Für viele Menschen mit Autismus haben sportliche Aktivitäten keinen großen Stellenwert. Gleichgewichts- und motorische Probleme sowie die Schwierigkeit, sich Körperbewegungen von anderen Menschen „abzuschauen", erschweren das Erlernen und Ausüben einer Sportart erheblich. Dennoch entdeckten zahlreiche Betroffene in dieser außergewöhnlichen Situation den Wert von körperlicher Betätigung. Fitnessstudios und Schwimmbäder mussten schließen, Sportplätze und Trimm-dich-Pfade wurden abgesperrt. Was blieb, waren individuelle sportliche Aktivitäten, die vielen Menschen mit Autismus ohnehin deutlich leichter fallen als Mannschaftssportarten oder das Trainieren in Gruppen. Regelmäßiges Fahrradfahren, Joggen, Walken, Wandern oder Spazierengehen wurde als hilfreich und angenehm beschrieben, oft auch gemeinsam mit Familienangehörigen. Manche Betroffene behalfen sich mit häuslichem Training mit Alltagsgegenständen: Schweißtreibende Step-Übungen sind ja auf nahezu jeder Treppe möglich, in der Wohnung kann man Krafttraining mit vollen

Wasserflaschen betreiben oder Yoga-Figuren auf dem Wohnzimmerteppich ausführen. Kreativität war gefragt, dann ging mehr als zunächst oft vermutet.

Halten Sie Kontakt zu anderen

Durch die verordneten Kontaktbeschränkungen wurden Internet und Telefon wichtiger. Auf diese Weise ließ sich die Verbindung zu Familienangehörigen und Bekannten, aber auch etwa zu Therapeuten in vielen Fällen aufrechterhalten. Mittels Skype oder Videoschaltungen konnten auch Arbeitskollegen kontaktiert werden, was oft als Erleichterung empfunden wurde (*„vermittelt mir ein bisschen Normalität"*; *„so können wir uns gegenseitig unterstützen"*). Mit Hilfe eines Sprachchat-Programms konnten Online-Videospiele mit Freunden organisiert werden; für ältere Verwandten, die nicht besucht werden konnten, wurden kleine Geschenke gebastelt und verschickt (*„Album mit Familienfotos für die Großeltern"* etc.).

Statt persönlicher Beratungs- und Therapietermine erfuhren einige Menschen mit Autismus Unterstützung durch Telefonate mit ihren Therapeuten oder die Videosprechstunde; in manchen Fällen wurde auch der Versuch der Eltern beschrieben, selbst einen Teil der ausgefallenen Therapie zu übernehmen. Verschiedene Selbsthilfegruppen trafen sich per Videokonferenz, um zusammen mit anderen Betroffenen Strategien auszutauschen. Jeder hat schließlich seine eigenen Maßnahmen entwickelt, um gut aus der Krise zu kommen.

In allen Teilen der Gesellschaft begegneten uns Angst, Sorgen und Unsicherheit. Es wurde oft als hilfreich empfunden, sich bewusst zu machen, dass wir mit unseren Nöten nicht allein sind. Überall auf der Welt leiden die Menschen. Diese Erkenntnis kann unsere Entschlossenheit steigern. Zahlreiche Betroffene fühlten sich dadurch getröstet, *„dass alle Menschen von der Corona-Krise betroffen sind und ich nicht allein damit bin."* Es wurde auf diese Weise eine Gemeinsamkeit erlebt, die manchmal vorher so nicht erkannt wurde und die die Mitmenschen in einem anderen Licht erscheinen ließ:

*Ich kann die Menschen jetzt mit liebevolleren Augen sehen. –*
*Eigene Probleme erscheinen plötzlich so klein angesichts der aktuellen*
*Lage – diese Erkenntnis hilft mir ein bisschen.*

Der Dalai Lama empfiehlt, die Situation realistisch zu sehen und sich nicht beeinflussen zu lassen von Angst oder Wut. „Hat ein Problem eine Lösung, dann müssen wir alles tun, um es lösen zu können. Wenn es aber keine Lösung gibt, dann nützt es auch nichts, sich dauernd Sorgen zu machen" (Dalai Lama).


Schauen Sie auch auf andere

Auch Menschen mit Autismus können andere unterstützen, die vielleicht selbst erkrankt sind oder die zur Risikogruppe gehören und deshalb nicht krank werden sollten. Mehrere Betroffene beschrieben in ihren Beiträgen, dass sie in ihrem Umfeld angeboten haben, kleine Hilfen für andere zu übernehmen, etwa Einkäufe oder andere Erledigungen. Manche halfen auch mit bei der Herstellung von Masken. Ehrenamtliches Engagement wird immer wichtiger und ist keinesfalls nur einseitig – auch man selbst bekommt eine Menge zurück (Wertschätzung, Dankbarkeit und Anerkennung). Und vielleicht entwickeln sich dadurch ja auch angenehme neue Kontakte. Ganz sicher aber kann man sich damit sinnvoll die Zeit vertreiben und Langeweile oder Stereotypien vorbeugen:

*Ich bin selbst im Autismusspektrum, wurde jedoch erst im Erwachsenenalter diagnostiziert. Seit mehreren Jahren arbeite ich mit autistischen Kindern und Jugendlichen auf Honorarbasis oder im Rahmen der Verhinderungspflege. Dabei geht es in erster Linie um Freizeitgestaltung, Vermittlung eines positiven Selbstbildes, Entwicklung der eigenen Persönlichkeit, Bewältigung von Alltagsproblemen, Bildung einer Zukunftsperspektive sowie die Zuversicht, dass man auch als autistischer Mensch erwachsen werden und ein glückliches, möglichst selbstbestimmtes Leben führen kann.*

*Als die Corona-Pandemie so richtig Fahrt aufnahm und innerhalb weniger Tage alle Unterstützungsangebote abgesagt wurden, machte ich mir Gedanken darüber, wie es wohl meinen jungen Klienten und ihren Familien erginge? Eben noch Tagesstruktur durch Schule, Therapien etc. - und dann plötzlich Leere unbekannter Dauer ohne jedes Ersatzprogramm. So stellte ich unter Berücksichtigung der behördlichen Anordnungen einige Regeln auf, um einen Teil der Hilfe aufrechtzuerhalten, gleichzeitig aber Ansteckungen zu vermeiden. Beispielsweise konnten die Treffen zeitweise nur noch im Freien und mit Abstand stattfinden. Das hat prima geklappt und meine Klienten zeigten sich nicht nur einsichtig, sondern auch sehr dankbar dafür, dass die Treffen mit mir nicht auch noch ausfielen.*

*Nur gut, dass es allmählich Sommer wurde und wir ohnehin draußen viel unternehmen konnten. Seit ich mich vor zwei Jahren endgültig vom Auto verabschiedet habe, fahre ich fast alle Strecken mit dem Rad. Bewegung im Freien tut dem Körper und der Seele gut, das vermittle ich auch meinen jungen Klienten. So habe ich ihnen gezeigt, wie sportlich sie sein können und dass auch längere Strecken oder Höhenmeter kein echtes Problem darstellen, wenn man passende Kleidung wählt, sich die Kraft einteilt und gelegentliche Pausen macht. Dadurch wurden die Körperwahrnehmung gestärkt und die Fitness gesteigert. Überraschend war für einige, wie schnell sich die Unterschiede bemerkbar machen und dass man gar nicht wochenlang hart trainieren muss, um einen spürbaren Effekt festzustellen.*

*Um die Zeit während der Corona-Pandemie besser zu überbrücken, habe ich Klienten, die ich bis dato nur einmal pro Woche gesehen habe, auf jeweils zwei Termine kürzerer Dauer verteilt, sodass für sie öfter ein Programmpunkt anstand. Und da wir uns nun immer draußen trafen, musste, abhängig von den örtlichen Gegebenheiten, auch das Wetter mitspielen. Von uns allen wurde also einiges an Flexibilität verlangt. Doch das funktionierte erstaunlich gut; wahrscheinlich auch deshalb, weil ja sonst nichts anstand und somit genügend Zeit blieb, sich auf Veränderungen einzustellen. Gleichzeitig musste ich meinen eigenen Tag neu organisieren, da durch die insgesamt längeren Fahrzeiten – doppelt so viele Fahrten pro Woche – entsprechend weniger Freizeit für mich blieb.*

*Da mein Autismus bis ins Erwachsenenalter hinein unerkannt geblieben war, habe ich in meiner Kindheit und Jugend häufiger Ausnahmesituationen erlebt. Dadurch konnte ich auf jahrelange Erfahrung zurückgreifen, wodurch mir die Pandemie weniger wie eine Katastrophe oder Krise vorkam, sondern mehr wie eine Chance auf viele positive gesellschaftliche Veränderungen. Am*

*Ende blieb noch so viel Kraft übrig, dass ich ein Angebot für telefonische Unterstützung initiiert und durchgeführt habe.*

*Darüber hinaus ist der Kontakt zu meinen Eltern und Schwiegereltern intensiver geworden, und ich habe mir die Frage gestellt, ob ich ihnen (bezogen auf meine Ressourcen) im Alter eine Hilfe sein kann. Dies habe ich zwischenzeitlich bejaht und werde dafür meine Aktivitäten an anderen Stellen, die mir nicht so wichtig sind oder um die sich auch andere kümmern können, reduzieren.*

*In den vergangenen Jahren hatte ich zwei berufliche Standbeine, die sehr unterschiedlich sind. Während der Corona-Pandemie ist mir bewusst geworden, wie viel Spaß mir die soziale Arbeit macht und welchen Wert sie für junge Menschen im Autismusspektrum hat. Daher werde ich in Zukunft die Ressourcen meiner beiden Betätigungsfelder neu verteilen und mehr Zeit für die Arbeit mit autistischen Kindern und Jugendlichen vorsehen.* (Markus Behrendt)


Gehen Sie mit gutem Beispiel voran

Passen Sie gut auf sich und auf andere auf. Halten Sie sich an die Regeln, achten Sie auf ausreichenden Abstand, versuchen Sie, die Maske zu tragen, wo es vorgeschrieben oder auch nur empfohlen ist. So können Sie sich selbst gut schützen – und so helfen Sie auch anderen Menschen. Derzeit haben wir eine Situation, die es so nur selten gibt: Was Ihnen guttut, tut auch anderen gut, und wenn Sie gesund sind, können auch die anderen gesund bleiben. Wir sitzen alle im gleichen Boot – sich das zu verdeutlichen, empfanden viele Menschen als tröstlich. Mit unserem eigenen Verhalten können wir andere schützen, jeder Einzelne von uns ist dafür wichtig.

*Ich würde mir wünschen, dass man jede Gruppe in der Gesellschaft so sieht, wie sie ist. Denn jeder oder jede wird gebraucht.* (Alena Schüler)

*Was mir in den Wochen der Einschränkungen guttut, ist, dass es klare Ansagen von Seiten der Politik gibt, flankiert von nachvollziehbaren Erklärungen in den Medien über die Gefahren des Virus und wie wir uns davor schützen können. Ich mag obrigkeitshörig sein, doch damit komme ich viel*

*besser zurecht als mit schwammigen Appellen an die eigene Vernunft oder*
*guten Ratschlägen von Menschen, die mich kennen. Wie ich in vielen anderen*
*Situationen schon erlebt habe, sind die Tage unmittelbar vor und nach einer*
*jeden tiefgreifenden Veränderung am stressigsten. Ich nenne dies meinen*
*„Umstellungskater". Danach setzt eine Gewöhnung ein an die viel zitierte*
*„neue Normalität". Meine Erleichterung darüber, dass Bewegung im Freien*
*möglich bleibt, ist so groß, dass ich jeden Spaziergang und jede Joggingrunde*
*genieße wie ein Fest. Ich darf erfahren, wie gut es mir tut, einfach viel mehr*
*Zeit und Ruhe zu haben als in meinem üblicherweise eng durchgetakteten*
*Alltag, der offenbar zu viele soziale und sensorische Herausforderungen mit*
*sich bringt. Ein hartnäckiges Ohrgeräusch, das mich seit letztem Herbst be-*
*gleitet, geht deutlich zurück. Ich ziehe daraus Schlüsse für die Zeit nach*
*Corona, indem ich mich aus einer Gruppe, für die ich seit vielen Jahren im*
*Einsatz bin, zurückziehe und auch sonst stärker darauf achte, noch mehr ver-*
*meintlich nutzlos verbrachte Zeit in mein Leben einzubauen. Wie schön es*
*ist, bei einem Kaffee einfach eine Stunde lang mit einem Kreuzworträtselheft*
*zu verbringen! Es bleibt zu hoffen, dass wir von einer zweiten Welle von*
*Corona-Infektionen verschont bleiben, bis ein Impfstoff gefunden wird. Falls*
*jedoch wieder ein Lockdown kommt, sehe ich dem für mein alltägliches Leben*
*gelassener entgegen.* (Stephanie Walter)

*Das Virus ist immer noch da, und gelegentlich gibt es in einem Landkreis*
*oder in einer Stadt einen Ausbruch, der die Behörden hektisch nach Informa-*
*tionen tasten lässt. Gleichzeitig wird immer klarer, dass Covid-19 keinesfalls*
*nur eine Gefahr für einige wenige alte Leute ist, sondern dass auch junge*
*Leute zwar häufiger überleben, aber ebenso durch das Virus chronisch krank*
*werden können. Die Nachrichten sind auf diesem Gebiet in den letzten Wo-*
*chen eher schlechter geworden. Die Aufgabe ist immer noch, eine Infektion*
*nach Möglichkeit zu vermeiden, aber anders als im Frühjahr ist diese Aufgabe*
*jetzt nicht nur durch eine Verpflichtung anderen gegenüber begründet, son-*
*dern auch durch Eigeninteresse.* (Dagmar A.)

Einigen autistischen Menschen fällt es schwer, eine Maske zu tragen, weil sie Fremdkörper in ihrem Gesicht nicht tolerieren können. In
vielen Fällen gelingt dies aber doch, wenn man sich daran gewöhnt
hat, zumindest für eine kurze Zeit beim Einkaufen, beim Zugfahren
oder während der Arztbesuche. Es stehen ja verschiedene Stoffe und

Modelle zur Verfügung, die man probieren kann und die als unterschiedlich angenehm empfunden werden. In anderen Fällen kann stattdessen auch ein Schutzschild in Frage kommen. Wichtig ist es vor allem, sich an den Sinn dieser Maßnahmen zu erinnern:

*Ich denke, es ist wichtig, Ruhe zu bewahren und sich immer wieder zu sagen: Das hat nichts mit mir persönlich zu tun. Niemand will mich persönlich demütigen, sondern es geht ausschließlich um das Eindämmen der Krankheit.* (Dario, Autist; zitiert aus: https://ellasblog.de/).

Wenn es jedoch gar nicht geht, ist ein ärztliches Attest sinnvoll, das darauf hinweist. Allerdings sollte das wirklich nur die letzte Option in seltenen Ausnahmefällen sein. Unangenehm ist eine Maske schließlich für alle Menschen, aber wir brauchen ja Maßnahmen, um die Infektionen einzudämmen. Und auch mit einer solchen Ausnahmegenehmigung haben wir ja die Pflicht, auch auf andere Menschen zu achten. So sollen alle Menschen auch mit Attest ermutigt werden, sich zu hinterfragen, ob nicht doch für einen kurzen Moment ein solcher Schutz für andere möglich ist - oder man alternativ dann doch lieber auf den engen Kontakt mit anderen Menschen verzichten sollte.

Viele Betroffene geben sich aber große Mühe, die geltenden Regeln sehr kompromisslos zu befolgen. Sie erleben oft Stress, wenn sie merken, dass das nicht immer und in jeder Situation bedingungslos möglich ist und auch von anderen nicht immer in dieser Ausschließlichkeit erwartet werden kann. Es ist wichtig, das zu tun, was man selbst tun kann ist, daneben aber auch die Grenzen zu erkennen. Dafür ist oft ein bisschen Hilfe nötig:

*Einige autistische Menschen fühlen sich in der aktuellen Situation wohler, das ist auch gut nachvollziehbar. Der Sozialdruck fällt weg, es ist nun in Ordnung, ja sogar erwünscht, zu Hause zu sein. Man muss sich nicht in Ausreden flüchten und erklären, weshalb man schon wieder nichts unternommen hat. Offenbar erweist es sich im Moment als Vorteil, daran gewöhnt zu sein, mit sich selbst zurechtzukommen und nicht auf die Bestätigung anderer angewiesen zu sein. Autismus als Vorteil – das gibt es also durchaus.*

*Gleichzeitig aber ist die derzeitige Lage auch belastend und anstrengend – und offenbar wird sie von den autistischen Menschen, die berufstätig sind, noch anstrengender empfunden. Das ist verständlich, haben sich doch in*

*nahezu allen Branchen die Rahmenbedingungen deutlich verändert, und das*
*flexible Sich-Einstellen auf neue Situation fällt uns ja sehr schwer.*

*Wenn ich von der Arbeit nach Hause komme (derzeit ein bisschen früher*
*als sonst, weil die Autobahn so leer ist, wie ich sie bislang nicht kannte) und*
*noch etwas einkaufen muss, dann finde ich auch das sehr anstrengend. Oft ist*
*es so voll, dass der notwendige Abstand nicht immer eingehalten werden*
*kann. Genauso ist es manchmal auch beim Spazierengehen oder Laufen. Das*
*hat mir anfangs viel Stress bereitet, weil ich immer peinlich genau auf die*
*zwei Meter Abstand zwischen mir und anderen Menschen bedacht war, eher*
*noch mehr. In einem Telefonat mit meiner Therapeutin erfuhr ich, dass man*
*da für ein paar Sekunden durchaus auch ein bisschen flexibler sein darf, dass*
*das in Ordnung ist. Seither ist mein Leben deutlich entspannter geworden.*
*Ich gebe mir Mühe, mich und andere zu schützen – aber ich kann nur das tun,*
*was mir auch möglich ist.*

## Versuchen Sie zu akzeptieren, analysieren Sie Ihre Situation und Ihre Bedürfnisse – und suchen Sie nach ganz individuellen Lösungen

Indem man eine Situation annimmt, kann und soll man sie durchaus auch weiterhin kritisch reflektieren, man kämpft aber nicht änger
gegen Unabänderliches an mit der Folge, dadurch permanent an Kraft
zu verlieren. Wer es also schafft, loszulassen, die Dinge so zu nehmen,
wie sie sind, fühlt sich nicht mehr so blockiert und auch längst nicht
mehr so gestresst, weil er seine Energie auf die bestehenden Möglichkeiten richten kann - auf das, was guttut und was machbar ist:

*„Für dich ist immer Corona" – Diesen Satz sagte eine Freundin bei unse-*
*rem letzten Telefonat, und wenn ich so darüber nachdenke, hat sie recht. Klar,*
*zu Beginn der Corona-Krise gab es erst einmal helle Aufregung, aber war das*
*wirklich so neu für mich? Wenn ich zurückdenke, dann war eigentlich nur*
*die Dimension neu. Dass es quasi die ganze Welt ohne Vorwarnung getroffen*
*hat. Krisen im kleineren Maßstab habe ich eigentlich, seit ich denken kann.*

*Was hat sich für die Allgemeinheit verändert? Alle sollten nach Möglich-*
*keit zu Hause bleiben und nur für absolut notwendige Besorgungen das Haus*
*verlassen. Diesen Zustand habe ich seit über zwanzig Jahren, weil ich große*

*Probleme habe, das Haus zu verlassen (größtenteils durch körperliche Ein-*
*schränkungen), und wenn es doch mal geht, dann habe ich meist nur Kraft*
*für das Nötigste. Insofern war ich im Vorteil, denn die Phase des „Lagerkol-*
*lers" habe ich schon vor etlichen Jahren hinter mir gelassen und mich ganz*
*gut auf dieses eingeschränkte Leben eingestellt. „Wie hältst du das nur aus?*
*Du machst das ja schon über zwanzig Jahre lang mit, ich glaube, ich an deiner*
*Stelle wäre schon durchgedreht", sagte obengenannte Freundin. Tja, was*
*blieb mir anderes übrig? Irgendwie musste es eben gehen. Ich hätte mir auch*
*ein anderes Leben gewünscht, aber das Leben ist nun einmal kein Wunsch-*
*konzert.*

*Viele haben durch Corona ihren Arbeitsplatz verloren oder haben durch*
*Kurzarbeit finanzielle Einbußen. Ich war leider noch nie im Leben arbeitsfähig*
*und musste schon früh lernen, mit dem Existenzminimum zurechtzukom-*
*men. Dies gelingt mir auch ganz gut, ich habe auch keine großen Ansprüche*
*mehr an das Leben. Statt sich das Leben mit Gedanken daran zu vermiesen,*
*was man alles nicht hat, kann man doch auch einfach dankbar für das sein,*
*was man hat. Und hier in Deutschland geht es uns ja verhältnismäßig wirk-*
*lich gut!*

Wichtig dafür, dass wir möglichst gut durch diese Zeit kommen,
scheint es zu sein, die Energie auf das aktuell Machbare zu richten und
die Hoffnung im Kleinen zu finden.

Wir können trotz der Einschränkungen nach draußen gehen, den
Vögeln zuhören oder das frühlingshafte bzw. sommerliche Wetter genießen. Wir haben genug zu essen, wir sind nicht im Krieg und sind
nicht unmittelbar an Leib und Leben bedroht. Es fallen keine Bomben
– wir leben noch. Was für ein Glück!

Hilfreich ist es auch, sich auf die eigenen Fähigkeiten zu besinnen,
mit denen man schwierige Situationen und Krisen früher bewältigen
konnte. Das sind meist viele ganz individuelle Hilfen, die auch nun
wieder gefragt waren. So mussten etwa für diejenigen betroffenen Kinder, die ganz besonders unter der fehlenden Vertrautheit des regelmä-
ßigen Schulbesuchs litten, mitunter sehr kreative Lösungen gefunden
werden. Ein Vater nannte eine sehr schöne Idee:

*Wir haben den Weg zur Schule mit der Kamera aufgenommen. So können*
*wir den Film zeigen und etwas Vertrautes bieten. Danach können wir*

*Wissenssendungen im Fernsehen anbieten und im Anschluss dann den Weg zurück per Kamera. Wir hofften, dass das helfen würde.* (Thomas, zitiert aus: https://ellasblog.de/)

Auch für ähnliche Herausforderungen lassen sich mit einiger Überlegung oft sehr gute Strategien finden. Besonders hilfreich ist es, wenn man nach möglichst konkreten Maßnahmen sucht:

*Ich wollte am Ende des Tages immer etwas in der Hand haben, was ich persönlich tun konnte, um die Situation für mich zu verbessern. -*

*In vielerlei Hinsicht sehe ich mich durch das Leben mit meinem Autismus besser auf die Krise vorbereitet.* (Gee Vero)


<u>Nutzen Sie auch künftig die Strategien, die Sie während der Krise entdeckt haben</u>

Einige Menschen mit Autismus beschrieben, dass sie in den zurückliegenden Wochen und Monaten etwas Neues begonnen haben, das ihnen guttat – das Schreiben am Abend etwa, um die Erfahrungen und Geschehnisse des Tages aufzuarbeiten, das Umräumen der Wohnungseinrichtung, weil es so für die aktuellen Erfordernisse besser passte, oder auch Umgestaltungen im Terminplan – und merkten, dass sich diese Maßnahmen auch künftig nutzen ließen. Das ist eine sehr wichtige Erfahrung, um möglichst gut, vielleicht sogar gestärkt aus einer Krise herauszukommen. Versuchen Sie also, das, was Ihnen in der Krise geholfen hat, auch für die Zukunft ein Stück weit „mitzunehmen":

*Ab März hat sich mein Terminkalender kontinuierlich geleert, weil alle geplanten Veranstaltungsbesuche und Aktivitäten abgesagt wurden. Dies, das Homeoffice und die Ausgangsbeschränkungen führten dazu, dass ich mich sehr erleichtert fühlte. Ich hatte endlich einmal ausreichend Zeit für mich und merkte, wie wichtig das für mich ist. Ich hoffe, dass ich daraus gelernt habe und mir zukünftig meinen Terminkalender nicht wieder so vollplane.*

*Die Kehrseite ist, dass ich mich inzwischen so daran gewöhnt habe, meine Tage alleine zu Hause zu verbringen, dass ich es als sehr anstrengend empfinde, wenn ich jetzt doch wieder außer Haus muss. Mir fehlt sozusagen die*

*Übung. Die Übung, Auto zu fahren oder unter Menschen zu sein. Ich habe erstaunt bemerkt, wie wichtig ein ständiges Üben dieser Dinge ist und dass ich das trotz meines Alters immer noch nicht automatisiert habe bzw. es sehr schnell verlerne und dann versuche, es zu vermeiden.* (Silke Wanninger-Bachem)

*Wirklich wahr, wir sollten alle mal dankbar und anerkennend an die Vielen denken, die jetzt noch arbeiten (müssen) und das öffentliche Leben, die Grundversorgung, den medizinischen Bereich, aber auch den Schutz und die öffentliche Ordnung aufrechterhalten. Es sind meist Diejenigen, die ohnehin nicht am besten gestellt sind, vielfach geringere Einkommen beziehen, die nun für die breite Mehrheit der Gesellschaft auch noch ihren Kopf, sprich die Gesundheit, riskieren. Und ich denke an das Heer Derjenigen, die in unseren Krankenhäusern und Arztpraxen arbeiten, die Gäste bedienen oder in den Küchen der Restaurants arbeiten, an die Verkäufer\*innen, die Polizisten, Soldaten, Schaffner, Zug-, Bus- und LKW-Fahrer und all die vielen, vielen ungenannten Berufsgruppen. Danken wir ihnen und machen wir ihnen das Leben, das für sie ohnehin nicht leicht ist, nicht noch schwerer!* (Hubert Michelis)


# Weitere Erfahrungen und Hilfen in den verschiedenen Lebensbereichen


## Erfahrungen in Schule und Familie

Wie sahen die Erfahrungen von Menschen mit Autismus und deren Angehörigen bezüglich Schulalltag und Familienleben aus? Zahlreiche Berichte wurden dazu übermittelt. Zunächst soll der Text der Mutter eines 10-jährigen betroffenen Mädchens dargestellt werden, die ihre Erlebnisse und ihre Tipps teilt:

*Positive Aspekte von Corona*
- *Später aufstehen!*
- *Mehr schlafen!*

- *Kein Stress am Morgen!*
- *Kein Schwimmunterricht!*
- *Weniger Reize, mehr Ruhe*
- *Mehr Zeit, um alleine oder in der Familie zu spielen und Hörspiele zu hören*
- *Soziale Beziehungen haben wir auf zwei Zwillingsfreundinnen reduziert, somit gab es keinen sozialen Stress*
- *Klare Regeln gaben Sicherheit: allen geht es gleich*
- *Online-Unterstützungsangebote der Heilpädagogin in der Corona-Zeit kamen sehr gut an*
- *Weniger Wutausbrüche, vermutlich infolge des geringeren sozialen Stresses und der verminderten Reizbelastung.*

*Negative Aspekte von Corona*

- *Rollenkonflikt: Die Mutter ist nun plötzlich auch die Lehrerin*
- *Arbeitsort ist gleichzeitig auch Freizeitort*
- *Wegfallen von äußeren Strukturen: zu festen Zeiten aufstehen, essen etc.*
- *Wochenpläne der Lehrpersonen waren viel zu umfangreich und zu anspruchsvoll - es gab aber Verständnis, wenn unsere Tochter nicht alles geschafft hat.*

*Tipps*

- *Ich habe mich mit einer Nachbarin zusammengeschlossen, mit der ich mir ein Atelier teile: Wir haben den Arbeitsort der Kinder dorthin verlegt. So gab es einen klaren Ort, wo gearbeitet wurde, und zuhause durfte man weiterhin die Freizeit genießen*
- *Wir haben uns zudem abgewechselt mit dem Unterrichten*
- *Wir erleben das Offenlegen der Diagnose immer wieder als sehr hilfreich: Plötzlich verstehen Lehrpersonen, dass unsere Tochter keine Hausaufgaben mehr machen kann, weil sie zu erschöpft ist. Sie nehmen seitdem viel mehr Rücksicht in der Schule!*
- *Reduktion der Grundanforderungen: Wenn der Druck weg war, ging plötzlich mehr als nur die Dinge, die sie machen musste, so rechnete sie manchmal freiwillig spätabends!*
- *Unsere Schule begann wieder mit Halbklassenunterricht – das war für unsere Tochter ein gelungener sanfter Einstieg! Dies wäre*

*sowieso perfekt: drei Stunden Unterricht pro Tag würden ihr reichen (und uns auch) - weniger ist so oft mehr.* (Coni Baumgartner)

In den meisten Berichten wurde die Notwendigkeit betont, Strukturen weiterzuführen oder, wenn das nicht möglich ist, neue Strukturen zu schaffen. Auch dann, wenn man von zu Hause aus arbeiten bzw. studieren kann oder eben auch der Schulunterricht daheim stattfindet. Man führt also die Tätigkeiten weiter, frühstückt wie gewohnt, zieht sich an, macht zwischendurch Pausen und später auch Feierabend. Geregelte Abläufe wirken stabilisierend.

*Wir haben gemeinsam mit unseren Kindern einen Tagesplan erstellt: Die Kinder konnten ausschlafen, hatten aber auch feste Lernzeiten und Pausen. Schön fand ich, dass unsere drei Kinder gemeinsam am Esstisch gearbeitet und sich dabei gegenseitig unterstützt haben.*

Auch eine Schulleiterin, die mehrere autistische Schüler an ihrer Schule betreut, beschrieb ihre Erfahrungen:

*Unsere SchülerInnen, unsere LehrerInnen und unsere Eltern haben eng zusammengearbeitet, um diese Zeit so gut wie möglich zu meistern. Wir haben gelernt, achtsam zu sein; gelernt haben wir auch, dass diese Zeit nur gemeinsam zu schaffen war.*

*Corona ist ein schwieriges Thema; Corona, Autismus und Schule in dieser Kombination ist ein sehr schwieriges Thema. Die Pandemie stellte unsere autistischen Schüler vor noch größere Herausforderungen als andere, denn nichts war mehr so wie vorher. Mühsam erarbeitete Kontakte konnten nicht mehr gepflegt werden. Regelmäßigkeit, Beständigkeit und die Gesetze der Sicherheit wurden ausgehebelt, die Schüler stellten sehr schnell ihr gesamtes Leben in Frage: „Ich will dieses Leben nicht! Ich will nicht Autist sein! Ich will Corona nicht! Ich will nicht mehr leben!" (S., 18 Jahre alt) – Ich war geschockt! Er ließ sich in eine Klinik einweisen und ist mittlerweile auf einem Weg zurück ins Leben.*

*Als besonders schwierig habe ich die drei Wochen Homeschooling empfunden, denn unsere Schüler waren mit ihren Gefühlen, ihren Aufgaben, ihren Familien, ihrer Strukturlosigkeit und ihrer Angst allein.*

*Wir versuchten, das Problem bestmöglich zu lösen: Die Aufgaben wurden vom Klassenlehrer täglich gegen 9 Uhr versandt. In der Zeit von 9 bis 13 Uhr standen die Klassenlehrer als Ansprechpartner zur Verfügung und setzten sich mit den Schülern in Verbindung. Wichtig war es bei unseren Autisten, konsequent zu sein, ohne Druck aufzubauen, was nicht immer einfach war.*

*Ein Schüler, 17 Jahre alt, mit der Diagnose Asperger-Syndrom und Hochbegabung, war nicht in der Lage, überhaupt irgendetwas zu lernen. In Gesprächen mit den Eltern konnte ich diese beruhigen, denn die kognitiven Fähigkeiten ließen sich in den ersten Präsenzstunden wieder aktivieren. Es fällt ihm leicht, Dinge aufzuarbeiten, wenn er sich wohlfühlt.*

*Wir versuchten also, für jeden einzelnen Schüler individuelle Möglichkeiten zu finden. Das tun wir immer – aber Corona war noch einmal eine ganz neue Herausforderung.*

*Gemeinsam mit unserem Team, den Schülern und Eltern konnten wir einige Hürden nehmen. Manche sind noch nicht ganz gemeistert, aber insgesamt geht es unseren autistischen Schülern gut mit positiver Tendenz und dem Wahrnehmen, dass wir alle gemeinsam im Rahmen ihrer individuellen Möglichkeiten daran gearbeitet haben. Wir haben miteinander und voneinander gelernt. Und wir haben das Leben ein wenig langsamer leben können.*

(Christa Heyer, Theodor-Frings-Privatschule)

In manchen Fällen zeigten sich in der Pandemie Fortschritte, an die man nie zu denken gewagt hätte:

*An der Tür steht ein kleiner blonder 8-jähriger Junge und fragt, ob mein Sohn rauskommen kann zum Rollerfahren. Mein kleiner Held horcht auf, schnappt sich in Windeseile seine Sandalen und fragt mich mit seinen braunen Kulleraugen, während er an mir vorbeihuscht: „Darf ich, Mama?"*

*`Ob er darf?´, schießt es mir zeitgleich mit tausend Gedanken, zwischen Jubelschrei und Feuerwerk, durch den Kopf. `Ich habe dafür gebetet.´*

*Vor der Corona-Zeit war diese Situation völlig undenkbar. Rausgehen und mit anderen Kindern spielen - dazu war er kaum zu motivieren. Ganz zu schweigen von seinem fehlenden Bewegungsdrang.*

*Rückblickend bin ich der Corona-Zeit in Teilen sehr dankbar, denn mein Sohn hat unglaubliche Fortschritte in seiner Entwicklung gemacht. Als der Lockdown ausgerufen wurde, stand unsere Welt erstmal still, musste ich mich erst einmal neu sortieren. Ich bin 40 Jahre alt, habe ADHS und bin alleinerziehend. Mein kleiner Held ist 7 Jahre alt und besucht die 2. Klasse einer Regelschule. Er hat die Diagnosen Asperger-Syndrom und ADHS.*

Ich begann also, den Alltag neu zu strukturieren. Jeden Morgen um 9:30 Uhr ertönte die Schulglocke aus meinem Handy. Anfangs, als er nur zu Hause unterrichtet wurde, lief alles reibungslos. Die Aufgaben wurden gern und am Vormittag erledigt; mehr als 2 Stunden Unterricht gab es nicht pro Tag. Feste Struktur – gute Routine.

Dann wurde diese plötzlich geändert. Er sollte an einem Tag der Woche in die Schule gehen und die restlichen vier Tage zu Hause unterrichtet werden. Das verursachte ein großes Chaos in seinem Kopf - und zu Hause ging auf einmal gar nichts mehr.

Seine Integrationshelferin übernahm den Part des Homeschoolings und besuchte uns zu Hause. Mit ihr verband er lernen und Schule und mit mir Spiel und Spaß. Mit ihrem Klingeln an der Haustür setzte er sich freiwillig und erwartungsvoll an seine Aufgaben und fing selbstständig mit den Aufgaben an. Großartig. Er freute sich wieder auf den Unterricht und es klappte wunderbar mit dem Lernen.

Die restliche Zeit des Tages erfanden wir uns neu. Ich hatte leider meinen Job im März verloren und somit viel Zeit zur Verfügung. Wir verbrachten anfangs sehr viele Tage allein, in Ruhe, abgeschottet von Lärm, Druck und sozialen Herausforderungen.

Die Tage liefen fest ritualisiert, um ihm weiterhin Halt und Orientierung zu geben. Morgens fünf Tage die Woche Unterricht, mittags wurde gekocht, im Anschluss gemeinsam gespielt oder gebastelt. Nach dem Abendessen um 18 Uhr folgte das abendliche Ritual, damit es pünktlich um 20 Uhr ins Bett gehen konnte.

Ich spürte immer mehr, wie mein Sohn sich entspannte – sich aber auch zunehmend langweilte. Selbst sein iPad flog irgendwann in die Ecke, weil er „keinen Bock mehr drauf" hatte. Welch ein Lichtblick. Plötzlich änderte sich seine Einstellung und er verlangte nach mehr Outdoor-Unternehmungen. Sofort füllte ich freudig die Tage mit Geocaching-Touren, Ausflügen im Wald, um zu schnitzen oder Weidenhäuser zu bauen. Wir verbrachten Stunden am Rhein, um Steine ins Wasser zu werfen und große Türme mit ihnen zu bauen. Wir bemalten einige davon und schickten sie, ausgelegt für andere, auf Reisen. Beim Mathe-Parcours, welchen wir auf den Asphalt malten, knüpfte er Kontakt zu seinem Schulkameraden, der neugierig aus der Nachbarschaft zuguckte.

*Jede Unternehmung brauchte zwar ein klares Ziel, aber es war wundervoll zu erleben, welche Freude er plötzlich daran entwickelte. Von den Abstandsregeln profitierte er dabei sehr. Denn plötzlich kam ihm kein Mensch mehr zu nahe, und auch den Mundschutz betrachtete er durchaus als Vorteil: „Mama, ich muss nicht mehr lange verwirrt raten, ob die Menschen böse oder freundlich gucken, denn ich kann den Mund ja nicht sehen."*

*In der Schule blühte er förmlich auf, als er diese endlich wieder besuchen durfte. Es gab nun eine überschaubare Klasse von sieben Kindern mit festen Regeln, an die sich alle strikt hielten. Raufen, Schubsen und anderer Körperkontakt waren nicht erlaubt. Er liebte es so, wie es war. Drei Wochen später erhielt ich einen Anruf aus der Schule. Mein Sohn interagierte plötzlich im Unterricht mit den anderen Kindern. Er teilte sich und sogar seine Emotionen verbal der Klasse mit und war wesentlich konzentrierter.*

*Seine Entwicklung schritt in rasendem Tempo voran. Zwei Jahre lang musste ich ihn mit dem Auto zur Schule bringen. In der Corona-Zeit war die Schule selten und wurde von ihm als „besonders" geschätzt. Also entschied er sich aus heiterem Himmel, gemeinsam mit seinem Klassenkameraden zur Schule zu gehen - ohne Mama. Fortan ging er an jedem Schultag zusammen mit seinem Schulfreund.*

*Als der Unterricht wieder täglich in der Schule stattfand, versuchte ich ihn zu bestärken, doch allein nach Hause zu gehen, da sein Schulkamerad in der Nachmittagsbetreuung blieb. Aber mein Sohn fürchtete, er könnte sich allein verlaufen. Also lief er den ersten Tag in Begleitung seiner Integrationshelferin nach Hause. Er wirkte deprimiert, da er den Mut nicht aufbrachte, es ganz allein zu versuchen.*

*Am Folgetag schmückte ich den gesamten Schulweg während des Unterrichts mit blauen Wollfäden in Augenhöhe. Sie befanden sich an Zäunen, an Straßenschildern und Ampeln, die es zu überqueren galt. Seiner I-Helferin überbrachte ich die Botschaft: „Er soll alle blauen Wollfäden zählen. Sie führen ihn direkt nach Hause. Wenn er am letzten Faden angekommen ist, soll er mir sagen, wie viele er gezählt hat." – Eifrig zog er los, den Tornister gefüllt mit Mut und Elan. Er war so sehr konzentriert darauf, die Fäden richtig zu zählen, dass er keine Zeit hatte, über die Möglichkeit des Verlaufens nachzudenken – und als er aufblickte, stand er freudestrahlend vor unserer*

*Wohnungstür. Mit diesem neu gewonnen Selbstbewusstsein läuft er seitdem selbstständig den Schulweg, als wenn er nie etwas anderes getan hätte.*

*Ich bin sehr dankbar für diese Auszeit – wir mussten uns neu erfinden und haben dabei so vieles über uns gelernt.* (Ramona Schmitz-Pfaller)

„Freie Fahrt im Corona-Lockdown oder Zum ersten Mal war es für mich leichter als für die anderen", so überschrieb eine 15-jährige Schülerin mit Asperger-Autismus und Hochbegabung ihren Bericht, den sie gemeinsam mit ihrer Mutter erstellte und in dem sie zahlreiche Anregungen für künftigen Schulunterricht machte:

*Dass plötzlich die Schule ausfiel und ich einschließlich der Osterferien fünf Wochen am Stück frei hatte, war für mich einfach nur gut, denn normalerweise dominiert der Schulstress unser gesamtes Familienleben. Es war sehr entlastend, dass ich in der Corona-Pause nicht jeden Tag mit so vielen Menschen zusammen sein musste. Wieso glauben bloß alle, man könnte nur in der Gegenwart von Lehrern und Mitschülern etwas lernen? Bei mir ist es umgekehrt: Ich muss lernen TROTZ deren Gegenwart. Die Anwesenheit meiner Mitschüler und Lehrer stört mich, auch wenn manche ganz nett sind. Bei uns zu Hause hingegen kann jeder für sich sein, wann er möchte. Verpflichtende Gemeinschaft gibt es in der Regel nur zu den Mahlzeiten. Häufig wird das Argument angeführt, der tägliche Schulbesuch würde die Kinder auf das Berufsleben vorbereiten. Ich frage mich dann immer: Worauf sollen wir dadurch vorbereitet werden? Auf das Arbeiten im Großraumbüro? Ich finde das fragwürdig.*

*Als die Schule ausfiel, habe ich einfach in den Ferienmodus geschaltet. Das war nichts Fremdes oder Bedrohliches für mich. Zu Hause kann ich fast alles machen, was mir guttut: malen oder basteln, lesen und Musik hören, turnen und tanzen. Andere Menschen brauche ich dazu nicht. Ins Kino, ins Schwimmbad und an andere Orte, wo sich Menschenmassen aufhalten, gehe ich ohnehin nicht gern, das hat mir überhaupt nicht gefehlt.*

*Allerdings muss man sagen, wir sind echt gut ausgestattet: Jeder hat einen Rückzugsraum, mein Vater sogar ein eigenes Home-Office. Dazu der Balkon und der Garten, auch wenn er klein ist. Wir haben einiges zum Turnen, ausreichend Geräte zur Internet-Nutzung, es gibt Mamas Nähmaschine und im Keller die Holzwerkstatt. Da ist vieles möglich. Nur zu Beginn, als der Spielplatz geschlossen war, das war richtig blöd. Zu Hause haben wir keine*

Reckstange, und unsere Wiese ist zu klein. Ich laufe gern auf den Händen – das habe ich dann eben auf der Straße gemacht, mit Handschuhen. Und für alles, was mit Springen zu tun hatte, musste ich mir mit einer Matratze auf dem Fußboden behelfen. Als ich dann endlich wieder auf den Spielplatz konnte, war ich echt froh. Genauso, als für die Trompete meiner Schwester endlich der Dämpfer beschafft war.

Ein toller Effekt der Corona-Regeln: Gruppenarbeit gibt es weiterhin nicht in der Schule. Gruppenarbeit ist schrecklich. Meistens machen doch nur zwei Schüler die Arbeit und die anderen nerven nebenbei. So richtig Teamwork ist das nicht. Ich finde, Gruppenarbeit sollte viel öfter freiwillig sein. Man sollte die Aufgaben stattdessen auch allein bearbeiten und präsentieren dürfen.

Mit den Aufgaben von der Schule, die man zu Hause bearbeiten musste, ging es mir viel besser als im Präsenzunterricht. Denn ich konnte in meinem eigenen Tempo arbeiten. Insgesamt hatte ich in der Corona-Pause, ganz ohne Unterricht in der Schule, viel mehr Energie als sonst!

Videokonferenzen als Alternative zum Live-Unterricht, das wäre für mich jedoch kein guter Weg. Da ist ja wieder das Tempo vorgegeben. Zum Glück hat es auch kaum ein Lehrer bei uns angeboten. In Mathe war das freiwillig, was ich gut fand: Wer zu den Aufgaben Fragen hatte, konnte am Donnerstag die Videokonferenz besuchen. Das wurde jede Woche unterschiedlich intensiv genutzt. Der Vorteil: Die anwesenden Schüler wollten dann wirklich arbeiten. Ich finde, so sollten sich Lehrer viel häufiger verstehen: als Unterstützung für die Schüler, die das Angebot nutzen wollen. In der Schule sollte allgemein viel mehr freiwillig sein, vor allem die Übung und Wiederholung. Prüfungen könnte es ja trotzdem geben, aber weniger verpflichtende Unterrichtszeiten.

Anmerkungen der Mutter: Wir hatten nun die einmalige Chance auf das Experiment, wie es ohne Präsenzpflicht in der Schule läuft. Das Ergebnis übertraf weit die Erwartungen: Diese junge Dame ist nun so frei, unbeschwert und psychisch stabil wie seit vielen Jahren nicht. So viel Kreativität, Freundlichkeit, Toleranz, Hilfsbereitschaft, Selbstständigkeit und Übernahme von Verantwortung für die Familie sehen wir hier sonst selten. Und entspannte Zufriedenheit - eine traumhafte Erfahrung für leidgeprüfte Eltern!
(Petra Meybel und Janna)

Mögliche Hilfen für das Familienleben

- Versuchen Sie, die üblichen Zeiten beizubehalten, also das Aufstehen, die Morgen- und Abendroutinen sowie die Essenszeiten möglichst gleich zu halten. Beständigkeit in den Bereichen, die Sie selbst in der Hand haben, gehört zu dem Wichtigsten, was Sie für Ihre autistischen Kinder und auch für sich selbst tun können. Wenn der Tag zumindest ein „stützendes Gerüst" erhält, ist es einfacher, die Zeiten zwischen den festen Terminen durchzustehen.
- Erstellen Sie feste Pläne, damit alle Familienmitglieder die Abläufe kennen. Versuchen Sie, dabei möglichst viele verschiedene Aktivitäten einzubauen. Gehen Sie nach draußen, erkunden Sie die Natur, bieten Sie Bewegungsspiele an, die Spaß machen.
- Überlegen Sie zusammen, wie Sie die gemeinsame Zeit nutzen möchten. Bringen Sie etwa ihren Kindern möglichst viele Fähigkeiten und Fertigkeiten auf spielerische Weise bei. Erklären Sie den Ablauf von Haushaltsaktivitäten und erläutern Sie, was man dafür braucht. Sortieren Sie gemeinsam die Wäsche, spülen Sie zusammen und planen Sie das Familienessen, bei dessen Zubereitung Sie die Kinder mithelfen lassen. Möglicherweise haben Sie nie wieder so viel gemeinsame Zeit zu Hause – die sollten Sie nutzen.
- Und dann, wenn alles erledigt ist: Unternehmen Sie gemeinsam etwas, worauf sich Ihr Kind freut, und versuchen Sie, zusammen eine möglichst angenehme Zeit zu verbringen.
- Vielleicht können Sie die Zeit auch nutzen, sich umgekehrt von Ihren Kindern Dinge beibringen zu lassen. Viele Heranwachsende freuen sich, wenn sie etwas können, das ihren Eltern schwerfällt. Das kann die Unterstützung bei der Computerarbeit sein, Fähigkeiten oder Fertigkeiten im Hinblick auf das Spezialinteresse Ihres Kindes oder vieles andere mehr.
- Erinnern Sie sich gemeinsam jeden Abend von dem Schlafengehen an etwas Positives, etwa eine schöne gemeinsame

Erfahrung, eine nette Anekdote – oder auch positive Neuigkeiten bezüglich der Corona-Pandemie. Versuchen Sie, den Kindern in ihrer Verunsicherung beizustehen.

- Ermöglichen Sie aber auch den Rückzug für jedes einzelne Familienmitglied. Definieren Sie klar abgegrenzte Zeiten, die jeder für sich allein verbringt und in denen jeder seinen eigenen Interessen nachgehen kann.

<u>Mögliche Hilfen für die Schule und das Homeschooling</u>

- Versuchen Sie, sich mit anderen Eltern in der Betreuung der Kinder abzuwechseln, stimmen sie sich aber bezüglich der Aktivitäten und ggf. der Lerninhalte ab.
- Im Internet finden Sie eine große Menge an Unterrichtsmaterialien, Wissenssendungen, Erklärvideos o.ä. zu verschiedenen Themen für zu Hause, falls die Lehrkräfte Ihres Kindes keine eigenen Materialien zur Verfügung gestellt haben. Viele Bibliotheken bieten die Möglichkeit, elektronische Medien kostenfrei auszuleihen; Arbeitsmaterial für die Schule findet sich z.B. unter https://www.unterrichtsmaterial-schule.de/index.shtml.
- Bereiten Sie das Kind gut auf den Wiedereintritt in die Schule vor, erinnern Sie es an Klassenzimmer, Mitschüler, Lehrpersonal, angenehme Aktivitäten etc. und erläutern Sie ihm genau den Ablauf und die bestehenden Regeln, damit es sich orientieren kann.
- Versuchen Sie, sich mit den Lehrpersonen möglichst gut abzustimmen und „auf einer Seite" zu stehen. Wenn beide Parteien streiten, steht das Kind dazwischen und hat kaum eine Chance, gut mitzuarbeiten.
- Helfen Sie den Schulen dabei, den Unterricht „neu zu denken". Künftig werden viele Fähigkeiten gefordert sein, auf die die Kinder im Unterricht bislang nur unzureichend vorbereitet wurden. Überlegen Sie gemeinsam, was neu in den

Lehrplan aufgenommen werden muss, was dagegen überholt ist und gestrichen werden kann. Helfen Sie mit, Schule moderner zu gestalten und besser an die Bedürfnisse Ihrer Kinder anzupassen. Vergessen Sie dabei auch nicht Unterrichtsfächer wie Achtsamkeit, Glück usw.

- Viele Schüler benötigen Hilfe dabei, den digitalen Unterricht zu bewältigen, ihren Tag sinnvoll zu strukturieren und sich eigenständig einen Lernplan zu erstellen. Und das sind keineswegs nur autistische Schüler. An den wenigsten Schulen werden solche Kenntnisse und Fähigkeiten vermittelt. Auch Hilfsbereitschaft, Güte, Ehrlichkeit, Sorge um andere und die Übernahme von Verantwortung für andere Menschen sind Kompetenzen, die in der Regel nicht gelehrt werden. Wir brauchen also künftig zusätzliche Lerninhalte und neue Lernmethoden.

- Für nahezu alle Fächer und Altersstufen finden sich Lernvideos im Netz, und wenn man auch von Seiten der Schulen dieses Medium bewusst einsetzt, kann man den Unterricht anders aufbauen und auf diese Weise mehr Platz schaffen für individuelle Fragen und Anleitungen. Die Videos können dann etwa den Lerninhalt für alle erklären, der Lehrer kümmert sich um die Förderung des einzelnen Schülers. Das wäre ganz im Sinne der Inklusion und könnte autistischen Menschen zugutekommen.

- Wichtig wäre es während des Lockdowns gewesen, in jedem Einzelfall den Kontakt zu den Schülern zu halten. Das hätte etwa auch durch die Schulsozialarbeiter und Schulpsychologen geschehen können. Auch Hausbesuche wären möglich gewesen, beispielsweise an der Haustür oder im Garten. Dies ist ein weiteres Beispiel für neue Konzepte, die künftig erarbeitet werden müssen.

- Entwickeln Sie Achtsamkeit auch für die Lehrer. Erkennen Sie, welche Aufgaben sie Ihnen Tag für Tag abnehmen, was sie für Ihre Kinder leisten. Sie müssen nicht immer einer

Meinung sein, aber auch Pädagogen freuen sich über Anerkennung.

-   Und schließlich ist diese Zeit durchaus auch eine wertvolle
    Zeit. Man kann sie nutzen, um sein bisheriges Verhalten zu
    überdenken. Es zeichnet sich ein möglicher Wertewandel ab,
    weg von materiellen Gütern und hin zu mehr Lebensqualität.
    Viele Menschen bemerken, dass es ihnen guttut, mehr Zeit
    mit sich selbst oder mit der Familie zu verbringen, und nicht
    wenige von ihnen geben an, dies auch nach der Pandemie
    beibehalten zu wollen.

## Erfahrungen in Arbeit und Beruf

In der Corona-Pandemie wurden in rasender Geschwindigkeit
technische Aspekte in den Arbeitsalltag integriert, um in vielen Branchen ein Weiterarbeiten zu ermöglichen und Arbeitslosigkeit soweit
wie möglich zu verhindern. Dieser gewaltige Digitalisierungsschub
hat viele von uns durch die Krise getragen. Aber diese Entwicklung
hat auch ihre Schattenseiten, denn nicht jeder Beschäftigte kommt mit
einer solchen Menge an Veränderungen in kürzester Zeit zurecht,
nicht allen gelingt das flexible Einstellen auf neue Arbeitsinhalte gleich
gut. Insbesondere Menschen mit Autismus haben hier massive
Schwierigkeiten. Viele von ihnen berichteten über erheblich verstärkten Stress und über permanente Erschöpfung in diesen Wochen:

*Zu Beginn der Pandemie in dieser frühlingshaften Zeit im März 2020 war*
*es eine ganz eigenartige Situation in der Klinik. Sah man nach draußen,*
*wirkte es wie ein richtig schöner Tag mit viel Sonnenschein. Aber nach weni-*
*gen Sekunden war man wieder in der Realität und kämpfte gegen eine Art*
*Endzeitstimmung. Das war total surreal. Ich bemerkte, dass es mir besser*
*ging, nachdem ich nach der Arbeit, so lange das noch ging, einen Kaffee ge-*
*trunken hatte, allein und mit genug Abstand zu den Nachbartischen. Ich las*
*ein bisschen in der Zeitung und fühlte mich dabei unter anderen Menschen*
*nicht so ganz allein mit meinen Sorgen. Das war sehr schön. Aber dann*
*musste die Gastronomie ja leider schließen.*

*In der Klinik trafen wir anfangs vor allem Vorbereitungen, es war so ein bisschen die „Ruhe vor dem Sturm", von dem wir alle inständig hofften, dass er sich irgendwie vermeiden ließe. Die Bilder aus Italien waren so furchtbar, mit vielen Toten, mit der schweren Entscheidung der Ärzte, wen man beatmen sollte und wen man sterben lassen musste, weil die Behandlungskapazitäten nicht ausreichten. Ich hoffe, ich selbst werde niemals in eine solche Situation kommen.*

*Es waren insgesamt sehr anstrengende Wochen bei der Arbeit. Anfangs kamen fast stündlich neue Anweisungen und Vorschläge - tun Sie dies, machen Sie das. Das hat mir viel Stress bereitet, man wusste gar nicht, worauf man sich einstellen sollte, und was gestern richtig schien, war heute schon überholt. Nach einiger Zeit wurde es ein bisschen ruhiger, weil die Situation stabiler war und jeder die Regeln kannte. Aber es war nicht schön und ist es bis heute nicht wirklich, es ist immer diese Bedrohung da, die zusätzlichen Stress verursacht.*

Auch andere Faktoren wurden im Berufsalltag als sehr anstrengend beschrieben und trugen zum deutlich verstärkten Stressempfinden bei:

*Es ist enorm anstrengend, mit Masken zu arbeiten, besonders wenn man in einem Gartenmarkt arbeitet und deshalb eben auch bei höheren Temperaturen draußen ist. Wir arbeiten zwar in meinem Fall nur jeden Tag vier Stunden, aber das reicht dann auch. Es war schon eine enorme Einschränkung durch die Maske da. Naja, eben erst mal Masken zu tragen, und dann die Kunden, von denen sich manche nicht an die Pflicht hielten, eine Maske zu tragen. Wir waren zwar immer darauf bedacht, ihnen das zu sagen, aber es gab auch Kunden, die genervt reagiert haben, wenn man sie darauf hinwies. Oder auch solche Kunden, die zwar wie gefordert mit einem Einkaufswagen reinkamen, zusätzlich aber mit einer weiteren Person wie Kind oder Partner. Es war anstrengend, dann immer zu lächeln und zu sagen „Eigentlich ist ja nur eine Person pro Wagen erlaubt." Das war sehr nervig, denn das sagt man ja nicht nur einmal, sondern gefühlte tausendmal. Und dabei immer schön freundlich bleiben. Das zehrt an der Energie, und ab und zu würde man am liebsten laut brüllen und etwas werfen, um Stress abzubauen. Das Stresslevel war unglaublich hoch, man musste sich stark konzentrieren. Durch die Maske wurde man nicht so gut verstanden und hat selbst die Kunden mitunter auch nicht richtig verstanden.*

*Wir waren die ganze Zeit über offen, dementsprechend waren viele Menschen da. Das war ein enormer Stress, wir waren nur wenige Fachkräfte und hatten viele Kunden, die alle unbedingt etwas wollten und das dann am besten sofort. Da berätst du einen Kunden, dann kommt schon der nächste und möchte von dir auch eine Beratung. Das ist ein enormer Stress, zwei Leute gleichzeitig zu versorgen mit dem, was sie wollen, und dann noch deine eigentliche Arbeit zu machen. Das ist enorm anstrengend. Trotzdem hatten wir dadurch einen guten Umsatz und auch viel Besuch in der Baumschule. Die Leute haben viel gepflanzt und auch mal die Zeit genutzt, um ihren Garten zu machen.*

*Meist war es um die Nachmittagszeit ruhiger, dann konnte man auch mal Dinge machen, zu denen man sonst nicht kommt. Ich war froh, die Maske nach der Arbeit endlich absetzen zu können. Denn sie engt die Atmung ein und man ist nach der Arbeit müder als sonst.* (Alena Schüler)

In mancher Hinsicht hat man den Eindruck, dass es die „lauten" Menschen, die viel Anerkennung benötigen, derzeit schwerer haben als die eher introvertierten. Einmal fehlt ihnen das Publikum, das ja möglichst zu Hause bleiben soll, und auch die Arbeit im Homeoffice fällt Menschen, die vom Applaus anderer abhängig sind, oft schwerer.

Normale Meetings haben ja viel mit körperlicher Präsenz zu tun. Der Chef sitzt am Kopf, vielleicht sogar in einem besonderen Sessel. Vor Beginn und in den Pausen spielt der Smalltalk für viele Menschen eine große Rolle. Sie legen Wert auf ein ihrer Stellung entsprechendes Auftreten.

All dies fällt nun im Homeoffice weg. In Internet-Konferenzen wirken alle Teilnehmer gleichrangig, alle haben dieselbe Möglichkeit, durch passende Lichtverhältnisse und einen angemessenen Hintergrund auf einfache Weise einen professionellen Eindruck zu erwecken. Es zeigt sich nun deutlicher denn je: Menschen folgen keinem Titel, keiner Hierarchie und langfristig auch nicht dem Geld. Menschen folgen Menschen - Menschen mit einem starken Charakter.

Das alles kann eine schwere Kränkung für Vorgesetzte bedeuten, die strikte Hierarchien gewohnt sind. Auch kann für solche Menschen der Verlust an Kontrolle, also die Tatsache, dass man die Mitarbeiter nicht mehr vor Ort bei sich hat, problematisch sein. Menschen mit Autismus dagegen empfinden all dies häufig eher als angenehm. Viele von ihnen legen keinen großen Wert auf eine hierarchische „Rangordnung" unter den Mitarbeitern. Und da sie oft nicht über die Fähigkeit verfügen, sich im direkten Kontakt auf Anhieb positiv darzustellen, kommen ihnen digitale Treffen nicht selten zugute.

Erfahrungen mit Homeoffice zeigen also, dass dies für viele Menschen mit Autismus eine sehr angenehme Lösung darstellt. Aber es setzt eben auch die Fähigkeit voraus, die Arbeit selbst gut strukturieren zu können und sich zu disziplinieren, auch zu Hause an der Arbeit zu bleiben. Und es gibt durchaus auch gegenteilige Erfahrungen.

*Mein Arbeitgeber hat mich und meine Kollegen sehr früh ins Homeoffice geschickt. Am 05.03.2020 war ich zum letzten Mal regulär im Büro. An dem Tag war - früher als ich erwartet hatte - mein Notebook fertig, mit dem ich mich von zu Hause in der Firma einloggen kann. Ich vermisse schon die beiden Monitore im Büro; das Notebook kann leider nur einen betreiben. Aber mein Arbeitsplatz ist sehr viel ruhiger als in der Firma.*

*Seit Anfang Juni fahre ich wieder einmal in der Woche in die Firma. Ich merke, dass ich mich im Homeoffice deutlich besser konzentrieren kann und viel produktiver bin als im Büro. Allerdings kann ich meine Konzentration nicht steuern, und auf Dauer strengt mich die Arbeit zu Hause auch mehr an als im Büro. Der Produktivitätsgewinn durch das Homeoffice ist merklich; umsonst jedoch ist er nicht.*

*Es geht mir zwar im Moment mit den wenigen Kontakten nicht schlecht; ich bin aber immer wieder überrascht, wie gut ich mich nach einem Tag im Büro fühle. Dies liegt bestimmt auch an den Kollegen, mit denen der Umgang sehr angenehm ist; aber ich denke, es ist auch das Verlassen der Wohnung für mehrere Stunden, was mit guttut.* (Dagmar A.)

Durch die Pandemie wurden wir alle mit einer beispiellosen digitalen Verdichtung konfrontiert, dadurch brachen auch wichtige „Dehnungsfugen" aus dem Alltag weg:

*Ein Beispiel sind meine Vorträge und Seminare. Ein Vortrag von zwei Stunden ist normalerweise oftmals eine ganztägige Aktivität gewesen mit An- und Abreise, genug zeitlichem Puffer etc. Heute aber sind das eben zwei*

*Stunden digitaler Vortrag, und der Rest des Tages füllt sich dann mit weiteren Aktivitäten; die wichtige Zeit zum „Auspendeln", zur gedanklichen Ein- und Umstellung, geht verloren, es entsteht ein deutlich stärkerer Stress, weil die Arbeitsverdichtung größer wird.*

Und das erleben einige Menschen derzeit in ähnlicher Form. Sie haben die Sorge, noch gestresster aus der Krise herauszukommen. Andere dagegen wünschen sich diese Form der Arbeit auch für die Zukunft:

*Nachdem ich drei Wochen lang bei meiner neuen Arbeitsstelle ins Büro gefahren war, kam die Ausgangssperre. Ich durfte seitdem im Homeoffice arbeiten. Anfangs war es ungewohnt, aber nachdem ich mich dann wieder strukturiert hatte, lief es sehr gut. Ich hoffe, dass ich auch zukünftig im Homeoffice arbeiten darf, weil es mir gesundheitlich seitdem viel besser geht.* (Silke Wanninger-Bachem)


Mögliche Hilfen für Arbeit und Beruf

- Homeoffice oder nicht: Jeder empfindet die Vor- bzw. Nachteile ein bisschen anders, auch jeder autistische Mensch. Zahlreiche Tätigkeiten können auf die eine wie die andere Weise erledigt werden. Kluge Arbeitgeber werden künftig den Mitarbeiter selbst entscheiden lassen, wie er am besten arbeiten kann. Versuchen Sie also, die Tätigkeit so zu gestalten, wie sie am besten für Sie passt.

- Bitten Sie um technische Unterstützung, Schulungen etc., wenn Sie sich nicht gut genug auskennen und nicht sicher fühlen. Es wird künftig für alle Unternehmen noch stärker als bisher notwendig sein, Hilfen anzubieten für all diejenigen Mitarbeiter, denen es schwerfällt, mit dem technischen Fortschritt in einer solch rasenden Geschwindigkeit Schritt halten zu können.

- Die bisherige Frage, welche Maschinen welche menschlichen Arbeitsleistungen künftig ersetzen werden, wird wohl weitergedacht werden müssen. Die Arbeitswelt wird vermutlich nicht etwa unterscheiden zwischen Menschen und Maschinen, sondern zwischen den Menschen, die Maschinen bedienen können, und solchen, denen das nicht gelingt. Für sie ist es notwendig, Weiterbildungen und Assistenzen auf diesem Gebiet anzubieten, um ihre Teilhabe nicht dauerhaft zu gefährden.

- Rückwärts wird es nicht mehr gehen – wir haben einen Digitalisierungsprozess erlebt, den wir in dieser rasanten Geschwindigkeit niemals vermutet oder gar für möglich gehalten hätten. Dem gilt es sich nun zu stellen – in nahezu jeder Branche. Versuchen Sie, sich entsprechend weiterzubilden, seien Sie offen für Fortschritte.

- Außerdem müssen gezielte Hilfen für die speziellen Anforderungen im Homeoffice überlegt werden. Hier ist es notwendig, den Arbeitstag selbst zu strukturieren, sich selbst zu führen und alles allein zu organisieren. Genau das aber fällt vielen Menschen mit Autismus schwer. Sie profitieren von äußeren Strukturen und verfügen oft nicht über ausreichende Fähigkeiten zur Selbststrukturierung. Um sie in solchen und ähnlichen Krisen, aber auch in der „neuen Realität", die dem Arbeiten im Homeoffice künftig einen sehr viel größeren Stellenwert zumessen wird, nicht zurückzulassen, müssen solche Fähigkeiten bereits frühzeitig trainiert werden.

- Ganz praktische Tipps für die Arbeit im Homeoffice: Halten Sie bewusst Ihre Arbeitsroutinen aufrecht. Stehen Sie zur gleichen Zeit auf wie sonst auch, frühstücken Sie, machen Sie sich für die Arbeit zurecht, ziehen Sie sich angemessen an und schaffen Sie sich auch räumlich eine Job-Atmosphäre. Lassen Sie sich also nicht aus dem Bett direkt mit dem PC aufs Sofa fallen, sondern geben Sie sich Zeit, bei der Arbeit „anzukommen", auch wenn Sie nun nicht dorthin fahren müssen. Machen Sie schließlich am Ende der Arbeitszeit auch ganz bewusst Feierabend.

- Von Seiten der Unternehmen ist es wichtig, ihnen Mitarbeitern auch dafür zur Verfügung zu stehen und, wo notwendig,

Strukturen vorzugeben oder beim Erarbeiten von Strukturen zu unterstützen. Die Arbeitswelt für Menschen mit Autismus wird künftig schwieriger werden, deshalb müssen wir die speziellen Bedürfnisse benennen und mögliche Hilfen aufzeigen.

- Werden Sie nicht mutlos! Auch in dieser schwierigen Situation werden gut ausgebildete Fachkräfte in vielen unterschiedlichen Branchen gesucht werden. Bildung und berufliche Qualifikation werden wichtiger denn je - für Menschen mit Autismus und für alle anderen.

- Offenheit für Neues, Lern- und Veränderungsbereitschaft sind Schlüsselfaktoren und Kompetenzen, die gerade infolge Corona immer wichtiger werden, die aber autistischen Menschen besonders schwerfallen. Es ist notwendig, diese Fähigkeiten künftig noch stärker mit ihnen zu trainieren, damit sie den beruflichen Anforderungen standhalten können. Andererseits punkten viele Menschen mit Autismus aber mit anderen Ressourcen, auf die man ebenfalls stärker achten wird. Wem es gelingt, Eigenschaften wie Engagement, Innovation, Ehrlichkeit, Menschlichkeit und Demut in die Waagschale zu werfen, wird künftig klar im Vorteil sein. Die Aussichten sind also auch für uns nicht nur düster.


Selbsthilfe

Die Selbsthilfe ist schon lange eine wichtige Hilfe für viele Menschen im Autismus-Spektrum. Während des Höhepunkts der Pandemie waren jedoch keine persönlichen Begegnungen möglich, so auch keine Treffen der Selbsthilfegruppen. Rasch wurden zahlreiche kreative Lösungen gefunden, um auch in dieser Zeit den so wichtigen Austausch zu ermöglichen:

*Unsere Selbsthilfegruppe trifft sich seit zwölf Jahren alle 14 Tage am Samstagnachmittag. Es werden vielfältige abwechslungsreiche und kompetenzerweiternde Veranstaltungen durchgeführt. Für die Teilnehmer ist dieser*

*Termin ein wichtiger Punkt in ihrem Zwei-Wochen-Plan. Durch Corona aber waren die Präsenztreffen plötzlich nicht mehr möglich. Um dem Ausfallen der Routinen und der Einsamkeit mit einem Abdriften in die Depression proaktiv zu begegnen, haben wir zwei Wege parallel eingeschlagen:*

*Zuerst sind wir einen für unsere Teilnehmer ungewöhnlichen Weg gegangen. Wir haben – zusätzlich zu unserem datengeschützten E-Mail-Verteiler – eine WhatsApp-Gruppe eingerichtet, wo sich die Teilnehmer direkt untereinander austauschen können. Dieses Angebot wurde sehr gut angenommen. Es traten sogar Teilnehmer bei, welche sonst ihre Kontaktdaten nicht freigeben. Die Teilnehmer tauschen sich sehr offen zu ihren Gedanken, Sorgen und Alltäglichkeiten aus und helfen einander. Es ist immer ein freundlicher, wertschätzender und unterstützender Ton. Mehrere Teilnehmer stellten fest, dass sie sich noch nie so verstanden fühlten.*

*Zum einen fiel auf, dass die WhatsApp-Gruppe neue Teilnehmer für die Selbsthilfe anzog, welche nicht in die Präsenztreffen kommen können, da ihnen der physische Kontakt oft zu viel ist bzw. die Ängste zu stark sind. Zum anderen wurden die anstehenden Themen sehr intensiv diskutiert. Hier profitierten einige wohl von der verzögerten Antwort, die auf diese Weise gut überlegt erfolgen konnte. Man hatte die Möglichkeit, zwischendurch im Internet zu recherchieren bzw. Links zu teilen. Aktiv sind mitunter auch solche Teilnehmer, die im Präsenztreffen nicht bzw. weniger reden. Aufgrund des Erfolgs soll deshalb die WhatsApp-Gruppe zum direkten Austausch der Teilnehmer untereinander auch nach der Pandemie weiterbestehen.*

*Parallel dazu haben wir unsere Gruppentreffen in den virtuellen Raum verlegt. So konnten wir das Angebot für die Gruppenteilnehmer aufrechterhalten. Die Routinen blieben erhalten, da wir weiterhin die regulären Termine am Samstagnachmittag nutzten. Auch hier zeigte sich, dass das Angebot gut angenommen wurde. Es gab sogar zusätzliche Teilnehmer, denen sonst der Weg zum Gruppentreffen aufgrund der räumlichen Entfernung zu weit ist. Wir nutzten die Zeit zum allgemeinen Austausch, aber auch für einen Spielenachmittag – das geht auch virtuell gut. Leider konnten nicht alle Mitglieder der Selbsthilfegruppe an den virtuellen Treffen teilnehmen, da in den Einrichtungen der Behindertenhilfe kein Internet/WLAN zur Verfügung stand und die Betroffenen während dieser Zeit nicht nach Hause fahren konnten. Hier ist behindertenpolitisch unbedingt nachzuarbeiten, da den*

*Bewohnern eines stationären Settings die gleichberechtigte Teilhabe am ge-sellschaftlichen und sozialen Leben (ein Grundrecht!) verwehrt wurde.*

*Während der Corona-bedingten Einschränkungen ist unsere Gruppe – ich denke nicht nur zahlenmäßig – gewachsen. Die Fortbildungen konnten in der ersten Hälfte des Jahres leider nicht angeboten werden. Die Anbieter konnten sich nicht so schnell auf virtuell umstellen, was im Bereich der sozialen Inter-aktion bzw. des Sozialen Kompetenz- und Fähigkeitentrainings auch nicht immer so leicht ist. Trotz der guten Überbrückung dieser Zeit sind wir des-halb froh, nun wieder zu den Präsenztreffen übergehen zu können und wieder abwechslungsreiche Veranstaltungen und Seminare anbieten zu können.*

(Anke Kidan, Asperger Kultur Regensburg)

Menschen mit Autismus werden oft vergessen, wenn es darum geht, in Schule, Beruf oder Gesellschaft dabei zu sein. Aber wir sind ja nicht nur einige wenige - allein in Deutschland leben mehr als 800.000 autistische Menschen. Sie sind so unterschiedlich wie alle Menschen, sie sind spannend und einzigartig. Um sie zu unterstützen, sind fast 60 Autismus-Regionalverbände unter dem Dachverband Autismus Deutschland e.V. zusammengeschlossen, in denen bereits seit 50 Jah-ren Hilfen für Betroffene und Angehörige angeboten werden. Jeder, der betroffen ist, sollte in diesen Verbänden organisiert sein, um ge-meinsam für Verbesserungen und Erleichterungen einzutreten.

Freizeit, Alltag und Einkäufe

Zahlreiche Erfahrungsberichte widmeten sich dem Thema Einkauf. Das ist verständlich, da dies einerseits auch während des kompletten Lockdowns zu den wenigen möglichen Aktivitäten gehörte und auf der anderen Seite gerade hier so viele neue Regeln zu beachten und zahlreiche Aspekte zu bedenken waren:

*Ich kann mich in den Supermärkten, selbst in denen, die ich auswendig kenne, nicht mehr orientieren, wenn mir Menschen entgegenkommen. Men-schen wurden für mich zu bedrohlichen „Flecken", die sich um mich herum-bewegten und durch die ich hindurchmusste. In extrem kurzer Zeit war ich total reizüberflutet.*

*Einkaufen wurde so ein Stress, dass ich mich laut brummend durch den Markt laufend wiederfand. Da ich es aber hasse, auffällig zu werden, meide ich Einkäufe alleine jetzt komplett. (Monica Meier)*

*Der Alltag war natürlich deutlich eingeschränkt. Man konnte nicht mal schnell etwas einkaufen, sondern brauchte erst einen Wagen, und es konnte immer nur eine bestimmte Anzahl von Leuten in den Markt. Wenn man an der Reihe war, durfte man bei vielen Sachen nur eine Packung pro Person kaufen (Mehl oder Nudeln). Oft gab es Streit darum. Ich habe versucht, immer auf Vorrat zu kaufen, damit ich nicht jeden Tag in den Markt musste.*

*Und auch in anderen Geschäften gab es viele Regeln, die man beachten musste. Es war weniger los, die Menschen waren vorsichtiger und haben auch weniger Stress gemacht, wenn es um das Anstellen in einer Warteschlange ging oder um den Abstand an der Kasse. (Alena Schüler)*

*In dem von mir frequentierten Supermarkt sind jede Woche die Regeln andere: Mal bekommt man den Einkaufswagen ohne Eurostück, mal muss man eine Münze dabeihaben (aber ohne Wagen darf man dann trotzdem nicht in den Supermarkt). Am Anfang stand ein Mitarbeiter des Supermarkts am Eingang und wischte jeden Einkaufswagen einzeln ab, jetzt steht nur noch ein Schild mit den Regeln da, die aber noch nie eingehalten werden konnten, weil zum Abstandhalten die Gänge schlicht zu eng sind. (Dagmar A.)*

*Es hat sich bewährt,…*

*… bestimmte Uhrzeiten zu nutzen, wenn es im Supermarkt nicht so voll ist, z.B. möglichst früh am Morgen oder spätabends. Zu anderen Zeiten werden die engen Gänge eher mal von Schulkindern, Kinderkarren, Rollatoren oder den Wagen fürs Regale-Befüllen „belagert".*

*… Konflikte zu reduzieren, z.B. Schlangen zu beobachten, denn die zweitgiftigste Schlange der Welt ist die Warteschlange… Ich erkenne oft nicht sofort intuitiv, wo und wie Warteschlangen anfangen bzw. enden. Missachtung kann sehr unangenehm werden.*

*… kreativ zu sein und einen Plan B und C bei der Lebensmittelbeschaffung einzuplanen, wenn etwas unerwartet ausverkauft ist.*

*… nur wenige, vertraute Läden aufzusuchen und zu überlegen bzw. zu visualisieren, was man wo in welchem Regal bekommt, um es schnell zu finden und umgehend wieder verschwinden zu können.*

*... überdachte Ladenpassagen zu meiden – das Laufen in den Passagen-Gängen erhöht nur unnötig die Masken-Tragezeit. Auch gehe ich in letzter Zeit öfters mal zum Wochenmarkt - Einkaufen in der frischen Luft ist angenehmer.*

*... übermäßiges Horten von Essbarem zu vermeiden, nicht nur, weil das „Bunkern" gegenüber Geringverdienern bzw. Berufstätigen unfair ist, sondern auch deshalb, weil es daheim Platz wegnimmt, Chaos macht und z.B. zu übermäßigem Essen verleitet.*

*... bei schönem Wetter z.B. eine Fahrradtour zu machen und auf dem Rückweg einkaufen zu gehen.*

*...sich zu freuen, dass man ansonsten gesund ist. Und das soll mit unseren Bemühungen auch so bleiben.* (Melanie Filsinger)

Einige Beiträge widmeten sich der etwas ruhigeren Umgebung und der geringeren Verdichtung von Terminen, was als Erleichterung wahrgenommen wurde. Und auch die Regeln zur Pandemiebekämpfung mit Abstand und Hygienemaßnahmen kommen vielen Betroffenen entgegen:

*Meine derzeit erlebte Umwelt ist mit den Maßnahmen und der spürbaren neuen Verletzlichkeit der Gesellschaft ein wenig autistischer geworden und somit um einiges näher an meine Welt herangerückt als bisher. Der größere Abstand zu anderen Menschen, weniger soziale Verpflichtungen, die Maskenpflicht und die etwas ruhigeren Straßen sind für mich aufgrund meiner Hyperakusis eine Erleichterung. Ich habe auch vorher nur schwer Mimik und Gestik deuten können, somit ist auch die Kommunikation für mich einfacher geworden. Endlich werde ich zudem beim Desinfizieren meines Einkaufswagens und der Hände nicht mehr kritisch beäugt, und irgendwie läuft alles etwas geregelter und geordneter ab. Ich nutze diese Zeit aber auch, um meine bisherigen Grenzen, wo es mir möglich ist, etwas zu erweitern und mich an anderer Stelle nicht mehr so unter Druck zu setzen, so wie alle sein zu müssen, und auch endlich etwas offener mit dem, was mich ausmacht, leben zu können.* (Daniela)

Auch viele Menschen mit Autismus freuen sich auf ihren Urlaub, aber gerade auf diesem Gebiet gab es mit die größten Einschränkungen. Hier ein Erfahrungsbericht aus den letzten Maitagen 2020:

*Nun bin ich tatsächlich für ein paar Tage in den Urlaub gefahren – in den Spessart. Mehr geht noch nicht. Gern wäre ich mal nach Italien gefahren, jetzt, da dort kaum Menschen sind. Aber man kommt noch nicht gut genug dorthin, die Züge fahren alle nicht, die Flüge beginnen erst wieder in der zweiten Junihälfte. Also der Spessart. Ich habe mich darauf gefreut, ein paar entspannte Tage dort zu verbringen. Aber – auch das geht noch kaum, die Region ist noch nicht so weit, man kann dort noch keinen entspannten Urlaub verbringen. Hier mein Bericht:*

*Nun sitze ich hier in meinem Hotelzimmer und bin gespannt, ob es eine gute Idee war, jetzt wegzufahren. Der Ort hier ist wie ausgestorben und wirkt trostlos. Mir wurde bereits vor der Anreise mitgeteilt, dass das Hotelrestaurant noch geschlossen sei. Das fand ich nicht schlimm. Was man jedoch nicht erwähnt hat: Im Umkreis von mindestens zwanzig Kilometern hat JEDES Restaurant geschlossen. Zwei bieten eine kleine Karte zum Abholen an, aber nicht mittwochs - und ich kam ausgerechnet an einem Mittwoch an. Also beschloss ich, mir in der Bäckerei einfach eine Kleinigkeit für das Abendessen zu kaufen - es gibt zwei Bäckereien hier. Leider auch Fehlanzeige: eine hat nur samstags geöffnet, die andere nur vormittags. Der kleine Lebensmittelladen hatte nur Aufbackbrot und -brötchen im Sortiment; damit konnte ich in meinem Hotelzimmer leider nichts anfangen. Ich lief also durch den Ort, fand aber nichts zum Essen. Da fuhr ich in den Nachbarort - gleiches Bild: Bäckerei nur vormittags, Restaurant geschlossen, lediglich ein Dönerladen war geöffnet, aber darauf hatte ich keine Lust. Ich entdeckte eine Metzgerei - mittwochs geschlossen. Nachdem ich frustriert wieder ins Auto gestiegen war, trank ich gerade einen Schluck Wasser, als ein Betrunkener an meine Autotür klopfte und mich ansprach: Ich wirke so sympathisch, er wolle mich kennenlernen. Ich verschluckte mich vor Lachen und vor lauter Schreck und schlug ihn wohl mit meinem Hustenanfall rasch in die Flucht... ;-)*

*Schließlich fand ich eine Bäckerei in einem REWE-Markt. Das Café dort war geschlossen, also nahm ich mir zwei Brötchen mit. Als ich aus dem Laden kam, gewitterte es. So wurde es auch nichts mehr mit einem Spaziergang.*

*Also bin ich seither in meinem Zimmer. Das Hotel bietet sonst nichts, alle Sitzgelegenheiten in der Lobby sind gesperrt, der Fitnessbereich auch. Der Fahrstuhl fährt nicht (es geht auch gut ohne), vermutlich, weil er zu eng ist und man die Tasten ja mit der Hand bedienen müsste. Immerhin: das Bett ist bequem, das WLAN schnell, der Fernseher groß, die Dusche auch. Nun bin ich gespannt. Das Frühstück wird mir an die Zimmertür gehängt, eine Auswahl konnte ich nicht treffen. Ich habe ein bisschen Bedenken - ich esse ja nicht alles. Naja. Notfalls muss ich halt morgen doch noch in die Bäckerei - vormittags hat die ja offen... ;-)*

## Sozialkontakte und gesellschaftliche Teilhabe

Zahlreiche Beiträge zeigten auf, dass die einschneidendste Maßnahme des Corona-Lockdowns, die Beschränkung der Sozialkontakte, eine ganz zentrale Bedeutung für Menschen mit Autismus und für Angehörige hatte - im positiven wie im negativen Sinne. Hier eine Auswahl der Texte:

*Als die ersten Berichte aus Heinsberg kamen, rechnete ich ein Wochenende lang Differenzenmodelle, und dann war mir klar, dass die Eindämmung in dem Moment nur durch eine drastische Reduktion der durchschnittlichen Sozialkontakte funktionieren würde. Wenige Sozialkontakte haben, dachte ich, das kann ich richtig gut. Einsam fühle ich mich dennoch nicht: Das Gefühl habe ich, wenn ich mit Leuten zusammen bin, mit denen ich nicht kommunizieren kann. Das jedoch kann ich mit den Leuten, die ich in Frankfurt kenne, gut. Aber die Menschen für eine Weile nicht mehr physisch zu treffen, macht mir eben auch nichts aus.*

*In den folgenden Wochen verließ ich die Wohnung nur für kurze Besorgungen und nie ohne Maske. Inzwischen setze ich sie wieder ab, wenn ich außerhalb geschlossener Räume bin, nur wenige Leute in der Nähe sind und ein leichter Wind geht.*

*Nach etwa zwei Monaten öffnete sich die Welt langsam wieder. Die Autistenstammtische stellten auf Videokonferenzen um. Das war als Notlösung gedacht; ich stelle aber fest, dass die Kommunikation intensiver wird, wenn die Leute in ihrer gewohnten Umgebung sind und es nicht die Hintergrundgeräusche einer Kneipe gibt. Videokonferenzen sind aber kein Ersatz für physische Anwesenheit; sie sind, wie Briefe und Bücher, ein völlig anderes Format der Interaktion.* (Dagmar A.)

*Ich bin weiblich, 51, arbeite im Krankenhaus und war deshalb die ganze Zeit über im Beruf. Die neuen Regeln waren schnell in Routinen umgesetzt, und der streng geregelte Kontakt macht es mir leichter, viel leichter mit den Menschen.*

*Ich leide aber, und das ist mir wichtig, unmerklich. Ich vermisse Leute, spontanes auf den Rücken klopfen (sic!). Ich habe mich angepasst, aber ich kann mir nicht vorstellen, wie ich den Weg in die früheren Kontakte wiederfinden soll. Ich fühle mich abgehängt, stelle mir vor, dass alle das Interesse an mir verloren haben. Das ist mein Hauptproblem an der Situation, und es wird für mich eine große Überwindung werden, wieder in Kontakt zu gehen.*

Die Autoren einiger Texte beschäftigten sich mit dem Ausbau der digitalen Angebote und der damit verbundenen leichteren Teilhabemöglichkeit auch für Menschen mit Autismus:

*In der Coronakrise haben sich digitale Beteiligungsmöglichkeiten weit verbreitet. Es ist nun möglich, sich zum privaten, politischen oder beruflichen Austausch online zu treffen. Konzerte, Theateraufführungen, virtuelle Museumsrundgänge, Online-Seminare, Parteitage etc. ermöglichen eine Teilhabe an Kultur und Bildung von zu Hause aus. Ich wünsche mir, dass diese Möglichkeiten erhalten bleiben und noch ausgebaut werden, damit alle am gesellschaftlichen Leben teilnehmen können. Davon würden viele Menschen profitieren: Menschen mit Behinderung und körperlichen oder seelischen Erkrankungen, ältere Menschen, Eltern von kleinen Kindern, Menschen in ländlichen Regionen etc.*

*Auch für Menschen mit Autismus baut die digitale Teilhabe Barrieren ab, so ist es möglich, im gewohnten, reizreduzierten Umfeld zu bleiben. Die soziale Situation ist aus der Distanz leichter zu handhaben, die Belastung von Anfahrtswegen, ggf. mit Übernachtung und ungewohntem Tagesablauf und Essen, fällt weg. Ich würde es als große Erleichterung erleben, künftig die Wahl zu haben zwischen Präsenz- und virtueller Teilnahme an Veranstaltungen.*

Daneben gibt es aber auch solche Betroffene, für die digitale Möglichkeiten keine Option sind - zumindest noch nicht:

*Mein autistischer Sohn kann sich nicht an die Videotelefonie gewöhnen. Für ihn fühlt es sich falsch an, wenn die Menschen ihn vom Bildschirm aus ansprechen. Er möchte mit seinen Großeltern spielen, statt dem Display eines Smartphones zuzuwinken. Und irgendwie kann ich das auch verstehen.*

Insgesamt, so ist die Meinung vieler Autoren, kann der Corona-Lockdown zu einem besseren Verständnis für Menschen mit Autismus beitragen:

*Die Corona-Pandemie zeigt nicht-autistischen Menschen, wie es sich anfühlt, ein auf so vielen Ebenen eingeschränktes Leben führen zu müssen. Sie erfahren nun am eigenen Leib, wie sich ein Leben ohne oder mit stark eingeschränkter Teilhabe am gesellschaftlichen Leben anfühlt. Plötzlich haben auch sie einen durch zahlreiche Barrieren erschwerten Alltag.* (Gee Vero)

Bei aller Freude über digitale Möglichkeiten müssen wir auf der anderen Seite aber auch sehen, dass die reale gesellschaftliche Teilhabe aufgrund der autistischen Besonderheiten für zahlreiche Familien nun sogar noch schwerer wird als ohnehin schon:

*Meine Tochter kann nicht abschätzen, wie viel Abstand sie zu anderen Menschen halten muss. Normalerweise hat sie keine Scheu und läuft gern ganz nah zu den anderen hin. Das geht nun derzeit nicht. Aber ich kann sie doch nicht immer nur festhalten... - im Ergebnis bedeutet das also, dass wir auf nicht abschätzbare Zeit an gesellschaftlichen Aktivitäten nicht teilnehmen können – meine Tochter nicht und wir als Eltern auch nicht. Ich fürchte, es kommen einsame und harte Zeiten auf uns zu. Es gab ja schon immer Menschen, die sich von der Anwesenheit meiner Tochter sichtbar gestört fühlten. Für deren Ablehnung gibt es nun eine Rechtfertigung. Viele Menschen drehen nun ja sogar noch den Kopf weg, wenn man sie grüßt. Ich frage mich, wie meine Tochter das aushält, wenn die Menschen, die sie anlächelt, weggucken. Oder in Panik verfallen, wenn sie etwas anleckt...*


Mögliche Hilfen für eine bessere Teilhabe

- Es sind neue Konzepte nötig, die man bislang nur selten bedacht hat und die eine Teilhabe auch in der Corona-Pandemie gewährleisten. Dazu gehören auch Konzepte für eine digitale Teilhabe, also so etwas wie eine „digitale Barrierefreiheit" auch für Menschen mit Autismus.

Wohnheime müssen dies auch für ihre Bewohner ermöglichen und ihnen Hilfestellung und Anleitung dabei bieten.

- Wir müssen der Gesellschaft erzählen, wie unsere Situation aussieht, was wir, was unsere Eltern leisten. Wir sollten auch selbst an die Öffentlichkeit gehen und über uns berichten. Wie sieht das Leben mit Autismus, mit einem autistischen Kind aus? Welches sind die schönen Momente, was ist schwierig? Was wünschen wir uns, was brauchen wir? Inklusion heißt ja, dass beide Seiten aufeinander zugehen müssen. Wir dürfen nicht immer nur darauf warten, dass andere Menschen den ersten Schritt tun. Wir müssen noch viel stärker als bisher aktiv aus unserem Leben berichten.

- Viele Menschen bieten gern ihre Unterstützung an, interessieren sich für das Thema Autismus und möchten helfen, wissen aber nicht, was sie tun könnten. Versuchen wir, ihnen die Berührungsängste zu nehmen und sie zu einer Zusammenarbeit zu motivieren, indem wir sie über Autismus und über uns informieren.

# Was bleibt, was kommt, was geht? – Ein persönlicher Ausblick und Appell

Therapeutische und sonstige Hilfen rasch wieder ermöglichen

Niemand kann wirklich wissen, wie sich die Situation entwickelt – das ist die große Herausforderung für alle Menschen, besonders aber für Menschen mit Autismus, die diese Sicherheit und Vorhersehbarkeit so dringend benötigen. Ängste und Sorgen werden auch für die kommende Zeit unser Leben begleiten. Es ist wichtig, rasch wieder mit suffizienter Hilfe zu beginnen, um die Betroffenen in ihren Nöten gut zu begleiten und bisher erzielte Behandlungserfolge nicht zu gefährden. Dazu ist es notwendig, auch finanzielle Unterstützung für Therapieinstitute und Hilfsvereine anzubieten, die sich, da sie meist keine finanziellen Rücklagen bilden dürfen, nun in einer dramatischen Situation befinden – wie so viele andere Betriebe auch. Es wird eine erhebliche Kraftanstrengung bedeuten, das Leben wieder „auf die Beine zu bringen". Aber es ist eben notwendig, dabei nicht nur an die Industrie und andere große Unternehmen zu denken, sondern auch an all die Dienstleister, die die Lebensqualität von Menschen, auch Menschen mit Autismus, sicherstellen.

## Mögliche therapeutische und sonstige hilfreiche Ansätze in der Corona-Pandemie für Menschen mit Autismus

Wir leben in einer außergewöhnlichen Zeit; die meisten von uns haben keine solch ernsthaften globalen Bedrohungen bislang erleben müssen. Und wenngleich die derzeitige Entschleunigung und die Notwendigkeit, viel zu Hause zu bleiben, für einige autistische Menschen angenehm sind, gibt es doch auch zahlreiche Nöte. Vor allem fehlt die Kontrolle. Viele Betroffene hatten ihr Leben ganz gut im Griff, weil sie sich so einrichten konnten, dass vieles vorhersehbar war. Diese Sicherheit gibt es nun nicht mehr. Insbesondere die fehlende zeitliche Begrenzung des Ausnahmezustands ist problematisch.

Entsprechend verunsichert sind viele Menschen mit Autismus. Es ist wichtig, ihnen rechtzeitig therapeutische oder sonstige Hilfen anzubieten, um sie mit ihren Ängsten nicht allein zu lassen. Sinnvolle Ansätze können z.B. sein:

- Eine feste Tagesstruktur mit ausreichend Zeit für Lern- und Spieleinheiten, kombiniert mit Bewegung an der frischen Luft oder sportlichen Aktivitäten, schafft Sicherheit und Vorhersehbarkeit, von denen alle Beteiligten profitieren. Versuchen Sie, so viele Routinen wie möglich zu schaffen, um der großen Verunsicherung entgegenzuwirken. Dies ist aktuell notwendiger denn je.

- Eine sinnvolle Grundhaltung einüben, die z.B. so aussehen könnte: Die Handlungskontrolle über das zu behalten, was man selbst beeinflussen kann, bei gleichzeitiger Gelassenheit gegenüber den unabänderlichen Dingen. Beides braucht ein bisschen Übung und Unterstützung.
- Wichtig ist die Möglichkeit, einen vertrauten Menschen zumindest telefonisch erreichen zu können.
- Das Engagement für andere ist sinnvoll; wir fühlen uns besser, wenn wir aktiv etwas tun und uns einbringen können.
- Therapeutisch ist es wichtig herauszuarbeiten, was man im Leben bereits alles erreicht hat, was in bisherigen schwierigen Situationen hilfreich war. Und was man jetzt braucht, um sich souverän und handlungsfähig zu fühlen. Jeder einzelne Mensch hat dafür ganz eigene Strategien und Ideen. Auch der Austausch mit anderen Menschen kann dabei sinnvoll sein.
- Im Sinne einer besseren Resilienz ist es notwendig, anzuerkennen, dass es kein Leben ohne Risiko gibt, dass Krankheit und Tod zum Leben gehören. Es kann jederzeit eine neue Krise, ein anderes Virus kommen. Es ist wichtig, das innerlich zu akzeptieren und besonnen zu bleiben.
- Und für die Zeit nach Corona dürfen wir niemanden zurücklassen, nicht nur kurzfristig, sondern dauerhaft. Das ist jetzt die große Chance, voneinander zu lernen, aufeinander zu achten und sich umeinander zu kümmern - in der Familie, im Freundeskreis, aber auch in der Nachbarschaft und darüber hinaus.

Zur Minimierung der längerfristigen psychosozialen Folgen sind folgende Aspekte hilfreich:
- Wichtig ist die Aufklärung zur Pandemie und zu den möglichen Folgen. Man muss informiert sein. Gleichzeitig aber sollte keine unnötige Ungewissheit geschürt werden. Alles Nicht-Vorhersehbare ist ohnehin schwer zu ertragen. Auch sollten zu viele negative Informationen auf einmal vermieden werden.

- Wenn man sich viele Sorgen macht, so kann es sinnvoll sein, diese „Sorgen-Zeit" gezielt in den Tagesplan einzubauen und so zu kanalisieren und zeitlich zu begrenzen, indem zu anderen Zeiten andere Aktivitäten geplant werden. Wenn Sie sich außerhalb dieser Zeit Sorgen machen, so sagen Sie sich selbst: „Darüber mache ich mir in meiner „Sorgen-Zeit" Gedanken, jetzt aber nicht!" - Wenn Sie dies regelmäßig üben, werden Sie es automatisiert anwenden können.
- Ein weiterer Ansatz ist die Prävention und Gesundheitsförderung. So lässt sich die Resilienz, also die Fähigkeit, Krisen gut zu überstehen, stärken durch eine gute Tagesstrukturierung, körperliche Bewegung und gesunde Ernährung.
- Und schließlich sind psychotherapeutische Interventionen sinnvoll, insbesondere bei besonders gefährdeten Menschen, etwa solchen mit psychiatrischen Vorerkrankungen. Dafür können auch E-Health und telemedizinische Ansätze eingesetzt werden.


Wie wird unser Leben künftig aussehen, wie kann es gelingen?


Die Bekämpfung der Corona-Pandemie basiert in erster Linie auf physischem Abstand, und die Regeln mit Kontaktbeschränkung, Abstands-, Hygiene- und Schutzmaßnahmen sind sicher richtig und notwendig. Aber – das lässt sich für eine gewisse Zeit verkraften, nicht jedoch dauerhaft. Für eine Solidarität ist Nähe nötig, in der Distanz funktioniert sie nicht. Wir müssen also den Nähe-Distanz-Konflikt immer wieder neu so austarieren, dass das Ergebnis für alle Menschen bestmöglich passt. Das wird eine der großen Herausforderungen der kommenden Monate, vielleicht Jahre werden.

Menschen mit Autismus haben ja oft kein Problem mit der körperlichen Distanz, die meisten anderen Leute aber leiden unter dieser Situation. Kleine Kinder benötigen die Möglichkeit, ihre Großeltern zu besuchen, mit ihnen zu spielen und von ihnen in den Arm genommen zu werden. In der Kita müssen die Erzieher nicht selten den ihnen anvertrauten Kindern die Liebe ersetzen, die sie zu Hause nur unzureichend erhalten. Körperkontakt ist gerade für Kinder dauerhaft nicht zu ersetzen, er vermittelt ihnen Trost, Wärme und Sicherheit.

Wie also sollen wir künftig die Menschen begrüßen, die uns nahestehen, ohne sie zu berühren? Wie sollen wir unsere Zuneigung zeigen, jemanden trösten, anderen beistehen? Ein freundliches Zunicken, der asiatische Gruß mit gefalteten Händen, der derzeit verbreitete „Ellenbogen-Check", all das sind Möglichkeiten, die andere nicht gefährden. Aber der Kontakt zweier Knochenenden ist dann doch etwas anderes als ein Kuss, eine Umarmung oder ein Händedruck.

Kinder brauchen irgendwann wieder die Möglichkeit, mit anderen Kindern zu spielen und dabei unbeschwert herumzutollen, statt sich an auf den Boden geklebten Markierungen zu orientieren. Junge Menschen, die erfolgreich die Schule absolviert oder eine Ausbildung bzw. ein Studium geschafft haben, brauchen die Möglichkeit, diesen wichtigen Schritt in ihrem Leben zu feiern. Überhaupt erfordern besondere Lebenssituationen besondere Zusammenkünfte – Hochzeiten, Geburtstage, Begräbnisse. Alte Menschen schließlich benötigen die Gelegenheit, sich ein letztes Mal von ihren Angehörigen zu verabschieden – statt wie über Wochen hinweg im Falle einer COVID-19-Erkrankung alleine oder bestenfalls mit einem letzten Blick in die Schutzbrille eines in Kunststoff gehüllten Wesens, das eher einem Marsmenschen als einem Erdenbewohner ähnelt, gehen zu müssen. Die Pandemiebekämpfung ist eine Ausnahmesituation - und sie muss es bleiben, weil sonst auch die Menschlichkeit auf der Strecke bleibt:

*Mich stört es wirklich sehr, dass wir die an einer Corona-Infektion Verstorbenen so nüchtern und sachlich als „Tote" registrieren und abtun, um sie dann geradezu klammheimlich zu verscharren, ohne würdig von ihnen Abschied zu nehmen. Im letzten Krieg gab es Millionen Tote, die Ermordete waren, am Ende sprichwörtlich kein Gesicht mehr hatten, also durch äußere Gewalt Getötete, oftmals verbrannte Menschen, die zu Asche und Staub wurden. Sollten wir uns angesichts dieser Geschichte nicht die kleine, geradezu winzige Mühe machen und den „Luxus" erlauben, unsere Coronatoten wenigstens als „Verstorbene" oder „an Corona verstorbene Menschen" zu würdigen?* (Hubert Michelis)

Diese Ausnahmesituation ist nicht dauerhaft durchzuhalten. Permanente Ängste und Gefühle der Bedrohung durch das Zusammensein mit anderen Menschen wären die Folge. Kindern würde vermittelt, dass jeder, der ihnen zu nah kommt, für sie eine Gefahr darstellt – wie sollte da Vertrauen entstehen? Es müsste mühsam erlernt werden. Das psychische Wohlergehen einer ganzen Generation wäre in Gefahr, weil Menschen eben dafür geschaffen sind, sich nahe zu kommen.

Auf der anderen Seite aber scheint es durchaus auch solche Gewohnheiten unseres bisherigen Lebens zu geben, die diese Zeit möglicherweise nicht überdauern werden. Jeden fremden Menschen mit einem Handschlag zu begrüßen, im Beruf unter Kollegen, bei der Vorstellung eines Bekannten, beim Friedensgruß im Gottesdienst oder in Einrichtungen des Gesundheitswesens, wo man ja auch für andere eine Verantwortung trägt – das werden wir vermutlich für lange Zeit nicht mehr sehen, vielleicht nie mehr. Das wäre für viele Menschen mit Autismus keine so ganz schlechte Aussicht, und all die anderen werden ebenfalls Möglichkeiten finden, sich durch andere Rituale nett zu begrüßen. Ein Lächeln tut es in vielen Fällen vielleicht genauso gut und bringt andere nicht in Gefahr – und irgendwann, wenn wir keine Masken mehr tragen müssen, erkennt man dieses Lächeln ja auch wieder...

Bussi hier, Bussi da unter Freunden – das wird vermutlich wiederkommen. Aber dann vielleicht eher auf freiwilliger Basis und mit der Zusicherung, dass es auch in Ordnung ist, sich hier zu verweigern, statt, wie bisher bei vielen autistischen Menschen üblich, sich „steif" machen zu müssen, ungeschickt den Kopf auf irgendeine Seite (meist die falsche!) zu drehen, unbeholfen den Rücken des Gegenübers zu tätscheln und mit nur minimalem Abstand dem Smalltalk ausgeliefert zu sein. Diese Situation wird sich für Menschen mit Autismus künftig möglicherweise etwas entspannen.

## Unterstützung für den Übergang in die „Normalität"

Wenn wir diese Krise (hoffentlich bald!) irgendwann überstanden haben, wird die persönliche Begegnung wieder eine sehr große Rolle spielen. Das wird eine schwere Herausforderung werden für all diejenigen Menschen, die niemanden haben und die allein sind. Bereits im Mai, als vieles wieder geöffnet wurde und alle wieder nach draußen strömten, wurden viele von ihnen verstärkt depressiv, und es ist zu erwarten, dass dies noch zunimmt, wenn die Pandemie vorüber ist. Es ist daher wichtig, dass wir gerade dann, wenn alles wieder „normaler" wird, schauen, dass auch wirklich alle Menschen mitkommen. Viele werden die Intensität der Begegnungen und die Geschwindigkeit im Alltag dann überfordern. Viele – auch viele Menschen mit Autismus. Auch dann brauchen sie eine gute Unterstützung und Begleitung.

## Unterschiedliche Menschen – ähnliche Erfahrungen

Kommen wir zur Maske. Die wird eine Weile bleiben, weil sie einfach hilft.

*In der Klinik mache ich dabei interessante Erfahrungen: Die Kollegen beschreiben entsetzt ihre Unsicherheit, weil sie ihre Patienten nun gar nicht mehr wiedererkennen. Das ist etwas, das für viele autistische Menschen Alltag ist. Gesichtererkennung ist nicht unsere Stärke. Und diejenigen unter den Kollegen, die therapeutisch arbeiten, wissen gar nicht, wie sie damit umgehen sollen, dass sie mit der Maske nun nicht mehr erkennen können, wie es ihren Patienten geht. Diese Schwierigkeit, für die ich selbst längst Lösungen entwickelt habe (nämlich einfach viel mehr direkt nachzufragen), fordert sie nun tatsächlich deutlich mehr als mich.*

*Und manchmal habe ich das Gefühl, dass die Maske auch sonst ein gewisser „Gleichmacher" ist, der die Menschen einander annähern kann. Wer braucht denn jetzt noch einen Lippenstift? Den sieht man ja ohnehin nicht mehr! Make-up ist nun unpraktisch, weil es beim Auf- und Absetzen der Maske so leicht verwischt. Da ist es dann ja auch okay, erst gar keines zu verwenden.*

Glück ist ja immer auch eine Frage des Vergleichs. Wenn ich als alleinstehender autistischer Mensch keine Massen sehe, die an einem warmen Frühsommertag durch die Parks streifen und sich glücklich in den Armen liegen, dann ist die eigene Situation viel leichter zu ertragen. Das Vergleichen mit anderen gehört einfach zu den größten „Glückskillern".

Und so hoffe ich insgeheim, dass durch diese Krise eine neue „Gleichrangigkeit" entsteht. Wir sind alle gleichermaßen bedroht, ob reich oder arm, ungeachtet unserer Ämter und gesellschaftlichen Stellungen, Erkrankungen oder Behinderungen. Das hat etwas Tröstliches. Da kann es nicht länger die Notwendigkeit von „Rangordnungen" unter den Menschen geben, wir stehen uns vielmehr auf Augenhöhe gegenüber, wir alle sind aufeinander angewiesen. Die Probleme anderer sind auch unsere. Ich hoffe, dass aus diesen Erkenntnissen eine neue Solidarität entstehen kann, von der wir alle profitieren:

*Das Museum schloss im März. Nun lebe ich als Aufstocker von Hartz 4. Bekümmert hat mich das bislang nicht – im Gegenteil. Ich war froh über den zwangsverordneten Wandel.*

*Ich liebte mein Museum. Dort schlug ich mit Schülern Steine, zündelte und ergründete, was uns Menschen zu Menschen macht – vor allem auch unsere Anpassungsfähigkeit. Dort hatte ich in Teilzeit mein volles Auskommen. Doch nach achtzehn Jahren Geschrei und Gewusel war ich erschöpft. Mir fehlte etwas. Ärzte hatten dann vor zwei Jahren meinen atypischen Autismus und mein ADHS entlarvt. Bis dahin hatte ich keine Ahnung, wie sehr das mein ganzes Leben geprägt hatte. Das ist noch lange nicht aufgearbeitet.*

*Deshalb war die Krise meine Chance: Auszeit, Abstand, Einordnen, Nachjustieren, Neuorientieren. Und vor allem: Die Welt da draußen war lieblich geworden. Straßen und Bahnen waren leer, kein Kindergeschrei drang von Schule und Sportplatz, niemand kam niemandem zu nahe. Die Luft roch nach Wiese, Feld und Meer, so sehr, wie seit meiner Kindheit nicht mehr. Würde die Welt draußen so bleiben – ich fühlte mich nur halb so behindert.*

*Doch die schönen Tage waren bald vorbei. Menschen kamen sich schon bald wieder zu nahe. Die Bahnen füllten sich wieder. Der Nachbar über mir*

*machte Homeoffice. Homeoffice, Homeoffice, Homeoffice. Er polterte und tele-*
*fonierte. Zuerst Tag für Tag, dann Woche für Woche.*

*Meine Zuflucht – der Kleingartenverein – glich bald einer Baustelle mit*
*Kindergarten. Man flüchtete auch – wohl vor Langeweile – ins Grüne. Sie*
*hämmerten und bohrten, schleiften und keiften, schrien und häckselten, säg-*
*ten und schlugen, pflasterten und betonierten und brannten Unkraut. Noch*
*mehr Autos huschten hastig durch Hecken auf Parzellen, Radios tönten und*
*Hunde bellten. Nun kann ich nirgends mehr sein.*

*Ich denke mir, dass viele Menschen nun vielleicht teil- und zeitweise auf*
*ähnliche Probleme stoßen wie ich: Sie würden gern das Selbstverständliche*
*tun, können aber nicht. Sie würden gern ihre Kumpels treffen, doch die Um-*
*stände hindern sie. Ich würde auch gern Kumpels treffen, aber gewisse Um-*
*stände verhindern, dass ich welche habe. Auch ihre Wahrnehmung wird „ge-*
*stört": Die Botschaften, die ich in den Augen der anderen kaum sehe, können*
*sie wegen der Mundbedeckung nun nicht mehr von den Lippen ablesen. An-*
*dere sind einsam im Homeoffice – einsam war ich mit meinen Projekten am*
*Schreibtisch all die Jahre.*

*Ihre jetzige soziale Krise war mein Normalzustand.* (Thomas Brock)

*Nun sitzen wir plötzlich alle in demselben Boot und haben mehr oder we-*
*niger dieselbe „Behinderung". Und nun geht tatsächlich so viel mehr als*
*sonst. Wir kämpfen da, wo es möglich ist, Seite an Seite, um jedes bisschen*
*Gewohnheit, Struktur und Normalität.*

*Als im März die Schulen schlossen, wurde alles bereitgestellt, was in der*
*Kürze vorhanden und möglich war, mit dem größtmöglichen Verständnis für*
*die erschwerte und ungewohnte Situation jedes einzelnen Schülers. Wie oft*
*haben Eltern erfolglos um individuelle Hilfen und Alternativen gebeten,*
*wenn ihre Kinder nicht in der üblichen Form am Unterricht teilnehmen konn-*
*ten? Wie oft haben wir vergeblich versucht, für unsere Kinder die passenden*
*Rahmenbedingungen zu erhalten? Begründungen lauteten etwa: „Es gibt*
*Schulpflicht und für keinen Schüler Extrawürste – da könnte ja jeder kom-*
*men." - Und nun ging so vieles. Eine nie dagewesene niederschwellige Büro-*
*kratie machte in kürzester Zeit aus so einigen unnahbaren Amtsmenschen*
*hilfsbereite Sachbearbeiter, die bereitwillig und lösungsorientiert telefonisch*
*oder online Anträge ausfüllten, um riskante Behördengänge für die Bürger zu*
*vermeiden.*

*Inklusion, Barrierefreiheit und individuelle Problembehebung wurden über Nacht fast selbstverständlich. Durch kleine und schnelle Gesetzesänderungen und vor allem durch kreative Lösungen.*

*Offenbar brauchte es für solche raschen, unbürokratischen Änderungen die hautnahe eigene Betroffenheit jedes Einzelnen und das einheitliche Gefühl aller Menschen, aller Gesellschaftsschichten, plötzlich und unfreiwillig von Teilhabe bedroht oder ausgeschlossen zu sein – wenn auch nur vorübergehend.*

*Durch die allgemeine Not ging nun so vieles mehr. - Wird auch das vorübergehend sein, wenn die Mehrheitsgesellschaft wieder in den Normalzustand zurückgefunden hat?* (Regine Winkelmann)

Vielleicht also kann es durch die Erfahrungen der Krise gelingen, die Auffälligkeiten von Menschen mit Autismus künftig besser nachvollziehen zu können, weil man manches davon nun selbst erlebt hat. Vielleicht hilft es uns, dass nun viele Menschen Isolation erlebt haben und so möglicherweise verstehen können, was Ausgrenzung bedeutet. Kontaktarmut, Distanz zu anderen Menschen, Einsamkeit, Probleme bei der Erkennung der Gesichter und Emotionen anderer – was für andere Menschen nun eine riesige Herausforderung darstellt, ist für viele von uns tägliche Lebensrealität. Vielleicht gelingt es dadurch, ein besseres Verständnis füreinander zu entwickeln, aufeinander zuzugehen und besser aufeinander zu achten. Dem anderen zuzugestehen, zwischendurch mal den „Pause-Knopf" zu drücken, wenn ihn die Geschwindigkeit des Alltags überfordert. Achtsamer und aufmerksamer zu werden für die Bedürfnisse des Gegenübers, Menschen mit besonderen Bedürfnissen einfach ohne Vorurteile zu begegnen und sich auf spannende neue Erfahrungen zu freuen.

## Erfahrungen der Krise nutzen - auch für die Arbeit mit autistischen Menschen

Die Situation von Menschen mit Autismus in der aktuellen Krise zeigt deutlich, was wir längst wissen: Sie alle sind unterschiedlich, und so sind auch ihr Befinden und ihre Bedürfnisse in dieser Zeit verschieden. Manche leiden unter der Situation, anderen geht es besser damit, wieder andere kommen gar nicht mehr zurecht. Was kann man tun – und lässt sich vielleicht vorhersagen, wer zu welcher Gruppe gehört, um passgenaue Lösungen anbieten zu können für künftige persönliche Krisen?

Es scheint insgesamt so zu sein, dass diejenigen Betroffenen, die in ihrem Leben sehr aktiv sind, tatsächlich nun ein Wohlbefinden spüren, weil alles langsamer ist, weil man nicht mehr nach Ausreden suchen muss, wenn man Einladungen absagt, weil man die private Feier, die eigene Hochzeit oder den Geburtstag tatsächlich so feiern kann, wie man das selbst immer wollte – im engsten Familienkreis, ohne ein rauschendes Fest. Diese Betroffenen profitieren von der Möglichkeit, das Leben neu auszurichten – und zwar so, dass es ihnen damit gutgeht, mit viel mehr Struktur und viel weniger sensorischen Belastungen.

Andere autistische Menschen jedoch, die bereits zuvor einen solchen gut geplanten Rahmen für sich erarbeitet haben, weil sie ihn einfach dringend brauchen, die also sehr auf Routinen, Rituale, feste Strukturen und Reizarmut angewiesen sind und auf jede Form von Veränderungen panisch reagieren, scheinen nun in eine schwere Krise zu geraten, weil ihre Abläufe nicht mehr so funktionieren wie vorher. Und das sind nicht immer die scheinbar „schwerer autistisch Betroffenen", sondern die Verlierer der Krise sind vermutlich all die Menschen, die ein stabiles Umfeld und verlässliche Strukturen benötigen.

Vielleicht müssen wir dies also aus der Krise mitnehmen: Menschen mit Autismus benötigen ganz wesentlich einen festen Rahmen für ihr Leben mit einer Struktur, mit der sie sich wohlfühlen, und es muss oberstes Ziel sein, dies im Rahmen therapeutischer Maßnahmen zu erarbeiten. Chaos bedeutet einfach Überforderung – für jeden einzelnen autistischen Menschen. Daher müssen wir für Zeiten wie diese, in denen es nicht möglich ist, den üblichen Ablauf zu gewährleisten, deutlich intensivere Unterstützung anbieten mit dem Ziel, möglichst rasch eine Neuorientierung zu erreichen. Krisensituationen aller Art bei Menschen mit Autismus, schwierige persönliche Lebenssituationen ebenso wie Pandemien, müssen wir deutlich besser begleiten und dürfen die Betroffenen damit nicht alleinlassen.

Aber auf der anderen Seite sollten wir auch immer wieder versuchen, eine größtmögliche Flexibilität zu erreichen, um auch in solch problematischen Zeiten ein erträgliches Leben zu ermöglichen.

Es ist nicht anders als bislang, aber es wird deutlicher: Es ist eine schwierige Gratwanderung zwischen Struktur und Routinen einerseits und Veränderungen andererseits. In jedem Einzelfall müssen die Grenzen des Sinnvollen ein bisschen anders gezogen werden, um Menschen mit Autismus ein Gefühl der Sicherheit und Geborgenheit auch in diesen Zeiten zu ermöglichen. Sie benötigen noch stärker als andere die Zusicherung von außen, dass sie sicher sind, dass alles gut wird. Gerade in Situationen massiver Unsicherheit wie der Corona-Pandemie ist deshalb Beständigkeit die wichtigste Antwort. „Gib mir ein kleines bisschen Sicherheit in einer Welt, in der nichts sicher scheint. Gib mir in dieser schnellen Zeit irgendwas, das bleibt", so textet die deutsche Band Silbermond in einem ihrer erfolgreichsten Songs. Irgendwas, das bleibt. Bleibende Werte, die Zusicherung von Unterstützung, das „Einfach-Da-Sein" in unsicheren Zeiten - genau das wäre wichtig gewesen, als die therapeutischen Einrichtungen schließen mussten…

Ich persönlich erhoffe mir gerade für diesen Aspekt, für den Bereich Routinen, Rituale, Veränderungsangst und Sicherheit sowie für die Bereitschaft und die Zuversicht, sich Neuem zuzuwenden, noch bessere therapeutische Konzepte, weil dies einer der wesentlichsten Punkte zu sein scheint, den es für ein gutes, ein glückliches Leben für Menschen mit Autismus zu berücksichtigen gilt.

Seneca sagte: „Nicht, weil etwas schwer ist, wagen wir es nicht. Es wird vielmehr erst schwer, weil wir es nicht wagen". Die Bereitschaft und die Fähigkeit, Neues zu erlernen, wird immer wichtiger. Und es gibt ermutigende Sprichworte, die noch weitergehen: „Wer wagt, gewinnt".

<u>Was haben wir sonst noch in der Krise gelernt, was wir nicht mehr vergessen sollten?</u>

Experimente bezüglich Kontakt und Kommunikation sind in der Corona-Pandemie nahezu unmöglich, immer ist da die Sorge, andere Menschen oder uns selbst zu gefährden. Das ist ein schwerer Schlag für alle Inklusionsbemühungen, denn Menschen mit wie auch immer gearteten Behinderungen sind noch viel schwerer einzuschätzen als andere. Werden sie auch ausreichend Abstand halten? Wie ist es mit der Hygiene? Können wir sie den anderen derzeit zumuten? Oder - aus der Sicht der anderen gesprochen: Warum sollte ich mir ein Zusammensein mit solchen unberechenbaren en Menschen ausgerechnet jetzt antun? Schlimm, nicht wahr? Eigentlich waren wir schon weiter, aber die Fortschritte der Inklusion werden durch die Krise wohl um viele Jahre zurückgeworfen werden.

Aber es gibt keinen Grund, entmutigt aufzugeben. Im Gegenteil, unser Engagement auf diesem Gebiet ist nun wichtiger denn je. Und um eine Teilhabe autistischer Menschen in Schule, Beruf oder Gesellschaft zu ermöglichen, reicht es nicht, nur wenige Worte zu verlieren, wir müssen vielmehr ausführlich über uns berichten und vor allem eine Begegnung ermöglichen. Ängste und Vorurteile lassen sich nur durch persönlichen Kontakt abbauen. Das ist in allen Gesellschaftsschichten so und das ist in meinen Augen eine ganz wichtige Aufgabe der Autismusverbände, aber auch von uns allen.

Jeder kann mithelfen, im persönlichen Umfeld über das Leben mit Autismus zu informieren und ein Miteinander zu ermöglichen: beim Einkauf, bei der Post, beim Bäcker, bei Arztbesuchen oder gesellschaftlichen Aktivitäten. Dann, wenn andere Menschen Bescheid wissen, was es bedeutet, autistisch zu sein oder einen autistischen Angehörigen zu haben, bekommen sie oft Interesse an diesem Thema und sind bereit, ein Miteinander zu ermöglichen. Und oft genug macht man dann die Erfahrung, dass es kaum mehr Grenzen gibt, wenn man erst einmal begonnen hat, sich auf Augenhöhe zu begegnen. „Geht nicht, gibt's nicht" – wenn man sich Mühe gibt, dann findet man ganz viele individuelle Möglichkeiten, um Rahmenbedingungen für Menschen mit besonderen Bedürfnissen so zu verändern, dass eine Teilhabe möglich wird. Auch das gehört zu den Krisenerfahrungen.

Wir alle müssen nun versuchen, unsere Gewohnheiten bestmöglich anzupassen, und am besten gelingt mir selbst so etwas immer dann, wenn ich das Ziel und den Grund dafür kenne. Diesmal dient es dazu, Leben zu retten – etwas Wichtigeres kann es kaum geben. Solidarität ist das Stichwort, und wenn man in diesem Jahr erlebt hat, welch große Welle an Hilfsbereitschaft es im Kleinen wie im Großen gab, dann macht das doch auch ein bisschen Mut. Viele Hilfsangebote wurden initiiert, damit es anderen Menschen möglich war, weiterzuleben und (im Hinblick auf Betriebe) weiter zu existieren. In zahlreichen Aktionen haben sich Menschen mit ihrer Arbeitskraft, ihrem Wissen oder ihrem Geld engagiert, um andere zu unterstützen.

Das tut gut – und es macht Hoffnung. Dass die Menschen erkennen, dass wir nur dann alle glücklich und in Frieden und Freiheit leben können, wenn wir zusammenhalten. Dass Macht und Eigensinn keinen Platz mehr haben dürfen in dieser heutigen Welt – weil man damit nicht mehr durchkommt. Dass niemand besser ist als der andere und jeder denselben Wert hat. Wir sitzen alle im selben Boot – wir sind doch alle Menschen.

Autismus und Corona – das ist eine schwierige, aber auch eine spannende Zeit. „Einer für alle, alle für einen", das ist derzeit das Thema – und das gilt im Hinblick auf die Pandemie genauso wie beim Autismus. Es geht nur gemeinsam, und dafür ist jeder wichtig. Jede und jeder Einzelne von uns muss und kann mithelfen, die Ausbreitung des Virus zu verhindern, um andere Menschen zu schützen und so gemeinsam mit anderen die Welt zu retten. Und gleichzeitig schützt es auch uns, wenn alle anderen die Regeln einhalten.

Man kann derzeit ganz unterschiedliche Arten von Menschen beobachten. Die einen werden wütend, sie wollen unbedingt und sofort ihr altes Leben zurückhaben und demonstrieren dafür; die anderen erkennen, dass es aktuell wichtigere Dinge gibt. Sie merken, dass sie nicht der „Nabel der Welt" sind und ihre Interessen zum Wohl der Allgemeinheit ein Stück zurücknehmen müssen. Sie verstehen, dass man jetzt auch einmal den Experten zuhören muss, um gemeinsam die

Krise bewältigen zu können. Sie werden demütig und schätzen vieles, was ihnen lange als selbstverständlich vorgekommen ist.

Der Bezug zu autistischen Menschen ist mir seit Jahren ein wichtiges Anliegen, das ich immer wieder deutlich machen möchte. Täglich werde ich um Rat gefragt von Eltern oder selbst betroffenen Menschen nach Hilfen für den jeweiligen Einzelfall und die persönliche Situation. Sehr gern unterstütze ich dabei und überlege individuelle Hilfen. Aber gleichzeitig verdeutliche ich auch die Notwendigkeit, sich zusammenzuschließen, um die Lobby für autistische Menschen zu vergrößern und die Situation für alle zu verbessern. „Das Beste, was Sie für sich, für Ihr Kind tun können, ist, die Situation für alle zu verbessern, denn erst dann werden wir irgendwann die Strukturen haben, die auch Ihnen ganz konkret am besten helfen", sage ich dann.

Es geht nur gemeinsam. Wir sitzen alle im selben Boot, wir alle sind Menschen. Das dürfen wir auch dann nicht vergessen, wenn Corona (hoffentlich bald!) überstanden ist. Vielleicht lernen wir das durch die Pandemie – im überschaubaren persönlichen Alltag genauso wie weltweit.

Ich wünsche Ihnen alles Gute - bleiben Sie gesund und kommen Sie gut durch diese Zeit!

Dr. Christine Preißmann
Ch.Preissmann@gmx.de